ANN CRILE ESSELSTYN & JANE ESSELSTYN

Essen was das Herz begehrt

ANN CRILE ESSELSTYN & JANE ESSELSTYN

Essen was das Herz begehrt

Vorbeugung und Heilung von Herzerkrankungen mit 125 herzgesunden veganen Rezepten

Unimedica

Impressum

Ann Crile Esselstyn & Jane Esselstyn
Essen was das Herz begehrt
Vorbeugung und Heilung von Herzerkrankungen mit 125 herzgesunden veganen Rezepten
1. Auflage 2016
2. Auflage 2018
3. Auflage 2019
4. Auflage 2022
ISBN 978-3-944125-73-2

Titel der 2014 erschienenen Originalausgabe:
The Prevent and Reverse Heart Disease Cookbook
Over 125 Delicious, Life-Changing, Plant-Based Recipes

Übersetzung aus dem Englischen: Irmela Erckenbrecht
Layout und Satz: Nicole Laka, www.nima-typografik.de
Coverabbildungen Vorderseite: Hintergrund © Songchai W – shutterstock.com, Herz © Elena Schweitzer – shutterstock.com, Rückseite: oben © 2014 Donna Turner Ruhlman, Mitte und unten © 2016 Narayana Verlag, Fotograf Jörg Wilhelm, Wilhelm Media

Herausgeber:
Unimedica im Narayana Verlag GmbH, Blumenplatz 2, 79400 Kandern
Tel.: +49 7626 974 970-0
E-Mail: info@unimedica.de
www.unimedica.de

DIE IN DIESEM BUCH VORGESTELLTEN IDEEN UND VORGEHENSWEISEN sind nicht als Ersatz für eine individuelle ärztliche Behandlung gedacht. Alle die Gesundheit von Einzelpersonen betreffenden Fragen bedürfen der eingehenden medizinischen Beratung. Weder der Verlag noch die Autorinnen sind für vermeintlich auf Informationen oder Empfehlungen aus diesem Buch zurückgehende Verluste oder Schäden verantwortlich oder gar regresspflichtig.
Die in diesem Buch enthaltenen Rezepte sind auf die genannten Zutaten und Zubereitungstechniken zugeschnitten. Spezifische gesundheitliche Erfordernisse sowie allergische oder aus anderen Gründen medizinischer Behandlung bedürfende Erkrankungen konnten dabei nicht berücksichtigt werden. Auch ist der Verlag nicht für mögliche nachteilige körperliche Reaktionen auf die Rezepte verantwortlich, seien sie wörtlich befolgt oder individuell abgeändert worden.
Einige Namen und Personenbeschreibungen wurden verändert, um die Privatsphäre der betreffenden Menschen zu schützen.

INHALT

Suppen 73

Hummus, Brotaufstriche, Soßen und Salsas 93

Vorspeisen und Beilagen 121

Herzhafte Salate 143

Salat-Dressings 159

Seite 122

Seite 128

Seite 144

Hauptgerichte 169

Desserts 221

GELEITWORT

STELLEN SIE SICH EINMAL VOR. Sie und Ihre Lieben könnten sich lebenslang strahlender Gesundheit und umfassenden Wohlbefindens erfreuen. Die gute Nachricht lautet: Dies ist nicht nur möglich, sondern jetzt, da Sie dieses Kochbuch mit seinen ebenso leckeren wie lebensrettenden Rezepten in den Händen halten, sogar zum Greifen nahe.

2007 veröffentlichte ich mein Buch »Essen gegen Herzinfarkt«. Dazu angetrieben hatten mich meine Forschungsarbeiten, die gezeigt hatten, dass selbst Patientinnen und Patienten mit einer ausgeprägten koronaren Herzerkrankung deren Fortschreiten stoppen und negative Folgen sogar rückgängig machen konnten, wenn sie ihre Ernährung umstellten, ab sofort jegliches Öl sowie Fleisch und Milchprodukte aus ihrem Speiseplan strichen und sich stattdessen vollwertig und rein pflanzlich ernährten.

Die Forschungen und wissenschaftlichen Erkenntnisse, auf denen diese Form der rein pflanzlichen Vollwertkost beruht, zeigen, dass die unsere Blutgefäße auskleidenden Endotelzellen – sozusagen die Rettungswesten unserer Blutgefäße – durch den Verzehr von Ölen und tierischen Fetten ständigen Angriffen ausgesetzt sind.

Ich veröffentlichte die Ergebnisse meiner ersten Studie 1995 im *American Journal of Family Practice*, 1998 dann die einer zwölfjährigen Langzeitstudie im *American Journal of Cardiology*. 2007 schrieb ich das Buch »Essen gegen Herzinfarkt«, um meine bahnbrechenden Erkenntnisse einer größeren Öffentlichkeit bekannt zu machen und die frohe Kunde zu verbreiten, dass wir uns alle »herzinfarktsicher« machen können, indem wir unsere Ernährung umstellen.

Natürlich freute ich mich, als das Buch ein Bestseller wurde, spiegelte sich darin doch das große Interesse an dieser wegweisenden Erkenntnis wider. Alle Menschen sind froh, wenn sie merken, dass sie es selbst in der Hand haben, eine Krankheit, die ihr Leben bedroht, aufzuhalten und gar rückgängig zu machen.

Für die Erkenntnis, dass eine pflanzenbasierte Ernährung der Schlüssel zur Überwindung chronischer Krankheiten ist, gibt es zahlreiche Belege. Epidemiologische Studien über Kulturen, die sich traditionell pflanzenbasiert ernähren, bestätigen, dass all die chronischen Erkrankungen, die in den westlichen Industrieländern so viele Menschen das Leben kosten – Herzerkrankungen, Schlaganfälle, Diabetes, Bluthochdruck und Fettleibigkeit –, dort eher selten sind. Alle diese Erkrankungen sowie die Medikamente, Behandlungsverfahren und chirurgischen Eingriffe, die zu ihrer Bekämpfung eingesetzt werden, muss es nicht mehr geben, wenn wir auf breiter Basis zu einer Ernährungsumstellung kommen. Auch verschiedene Studien über die reduzierte Versorgung in Kriegs- und Krisenzeiten bestätigen die Schutzwirkung der Pflanzenkost. So unterstrich die 1951 veröffentlichte Studie von Strom und Jansen (»Mortality from circulatory diseases in Norway 1940-1945«, Lancet 1951;1:126-129) den

Rückgang von Todesfällen durch Herzinfarkte und Schlaganfälle in Norwegen im Zweiten Weltkrieg, als die deutsche Besatzungsmacht das Vieh konfiszierte und die norwegische Bevölkerung sich notgedrungen pflanzlich ernähren musste.

Schwarzmaler wenden ein, eine so radikale Ernährungsumstellung würden die Betroffenen nie und nimmer mitmachen. Unsere im Mai 2014 im *Journal of Family Practice* veröffentlichte Studie beweist das Gegenteil: 90 Prozent der Teilnehmenden ernährten sich auch vier Jahre später noch immer rein pflanzlich. Wir kamen zu dem Schluss, dass der Grund dafür, dass andere Fachleute diese Erfolge nicht erzielen können, nicht darin zu suchen ist, dass die Botschaft an sich falsch ist, sondern dass es darauf ankommt, wie sie herübergebracht wird. Ein Ernährungsstil, dem ein Großteil der Weltbevölkerung durch Kultur, Erbe und Tradition ohnehin verbunden ist und der Sterblichkeit, Krankheitsrate und Gesundheitskosten erheblich senken kann, hat nichts Abwegiges oder Radikales. Ökonomen schätzen, dass eine erfolgreiche Bekämpfung von Herz-Kreislauf-Erkrankungen allein in den USA 40 Billionen Dollar einsparen würde.

Zudem entdeckten Zellbiologen von der Cleveland Clinic erst kürzlich, dass Fleisch- und Milchprodukte die Arterien noch auf andere Art und Weise angreifen: Fleischesser besitzen Darmbakterien, die verdaute tierische Lebensmittel in TMAO (Trimethylaminoxid) verwandeln – ein Molekül, das Gefäßerkrankungen begünstigt. Bei Menschen, die sich pflanzlich ernähren, konnten diese Darmbakterien nicht nachgewiesen werden. Auch diese Ergebnisse bestätigen also den geradezu wundersamen Gesundheitsnutzen einer rein pflanzlichen Ernährung.

Wie grundlegend kann der Effekt einer solchen Ernährung sein? Denken Sie an die Geschichte von Dick Dubois, den ich in meinem ersten Buch vorstellte. Dick kam im Oktober 2005 in meine Sprechstunde. Der Geschäftsmann und langjährige Triathlet bekam damals schon Brustschmerzen, wenn er nur von seiner Haustür bis zum Postkasten ging. In wenigen Monaten sollte er sich einer Bypass-Operation unterziehen, beschloss aber, auf jeden Fall vorher noch unseren pflanzenbasierten Ernährungsplan auszuprobieren.

Als der Termin näher rückte, sagte Dick die Operation ab. Er wollte lieber weiter nach unseren Richtlinien essen. Schon nach den ersten elf Tagen mit pflanzlicher Ernährung waren die Brustschmerzen auf dem Weg zum Briefkasten komplett verschwunden!

Dass er in den folgenden achteinhalb Jahren bei der rein pflanzlichen Ernährung blieb, ermöglichte dann seine vollständige Genesung. In den letzten fünf Jahren bestritt er zahlreiche Triathlon-Wettkämpfe und bestieg sogar mehrere Dreitausender in den Anden – und das alles mit dem Segen seines Kardiologen! Zur Operation kam es nie. Stattdessen half er sich selbst – und das alles »nur« dank des richtigen Essens!

Inspirierende Geschichten wie diese gibt es viele. Zahlreiche Betroffene konnten bereits erleben, wie wirksam – und köstlich! – eine rein pflanzliche Ernährung sein kann. Sie geben lebenslange Gewohnheiten auf und weigern sich, noch länger Dinge zu essen, die ihnen schaden können. Gleichzeitig genießen sie neue Geschmackserlebnisse, die ihrer Gesundheit rundum guttun und ihre Widerstandskraft stärken.

In unserer Familie ernähren sich nun schon drei Generationen rein pflanzlich und erfreuen sich dabei einer ausgezeichneten Gesundheit. Meine Frau Ann entwickelte die wunderbaren Rezepte zu meinem Buch »Essen gegen Herzinfarkt« und unsere Tochter Jane trug ebenso köstliche Gerichte zu dem Buch unseres Sohnes Rip »My Beef with Meat« bei. Jetzt kombinieren beide erstmals ihr Wissen und ihre Erfahrung und lassen sie in diesem hervorragenden Kochbuch zusammenfließen.

Auch wenn Sie nicht unter einer Herzerkrankung leiden, wird der neue Ernährungs- und Lebensstil Ihnen zu optimalem Wohlbefinden verhelfen. Meine Liebe und ein großes Dankeschön gelten Ann und Jane für das Verfassen dieses wichtigen Kochbuchs, das Leben verändern und vielen Menschen dabei helfen kann, ihre Gesundheit wiederzuerlangen – ein wahrlich lohnendes Ziel.

DR. MED. CALDWELL B. ESSELSTYN

EINFÜHRUNG

WIR LIEBEN UNSERE ART ZU ESSEN! Wenn wir mit allen zwanzig Esselstyns zusammenkommen, sind die Tage voll mit den unterschiedlichsten Aktionen: Rad fahren, wandern, schwimmen, laufen, Baseball und Badminton spielen. All das macht viel Spaß. Am schönsten aber ist es, wenn wir zusammen kochen und essen. Die Tische biegen sich unter den köstlichsten Lasagne-Spezialitäten, Reis-und-Bohnen-Gerichten, würzigen Nori-Rollen und Salaten in allen Regenbogenfarben. Geradezu legendär sind der Grünkohl-Geburtstagskuchen mit süßem Heidelbeerguss und all die vielen anderen Speisen, die sich aus den verschiedensten Grünkohlsorten vom Wochenmarkt oder aus dem eigenen Garten zubereiten lassen. Bei uns kochen alle, selbst die Enkel, ganz egal, ob sie erst zehn oder schon 16 sind. Der Einzige, der nicht kocht, ist mein Ehemann – dafür ist er als Vollzeit-Geschirrspüler so gut wie rund um die Uhr im Einsatz.

Als 2007 sein Buch »Essen gegen Herzinfarkt« erschien und sich zum *New-York-Times*-Bestseller entwickelte, hatte dies eine Wirkung, die wir uns so nicht hätten vorstellen können. Nicht nur in den USA, sondern auch in vielen anderen Ländern der Welt erfuhren Menschen von dem Grundsatz, nach dem unsere Familie schon seit Jahren lebt: Eure Gesundheit liegt in Euren Händen – es kommt vor allem darauf an, welche Lebensmittel Ihr tagtäglich zu Euch nehmt!

Wie wir bald erfuhren, wirkte das Buch bei vielen Menschen lebensverändernd. Warum stieß es auf eine so große Resonanz? Weil das damit verbundene Ernährungsprogramm wirkt und die zugrunde liegenden wissenschaftlichen Fakten unwiderlegbar sind. Während seiner Zeit als Allgemeinmediziner an der Cleveland Clinic begann mein Mann 1985 eine wissenschaftliche Studie mit 18 herzkranken Patientinnen und Patienten. Einige von ihnen waren so schwer krank, dass sie bereits zum Sterben nach Hause geschickt worden waren. Nach einer sofortigen Umstellung ihrer Ernährung jedoch blühten sie auf und waren auch nach zwölf Jahren noch gesund und der fettarmen, rein pflanzlichen Ernährung treu geblieben. 20 Jahre später ging es denen, die weiter daran festhielten, immer noch bestens. Einige sind inzwischen über 80 Jahre alt. Die mittlerweile 88-jährige Evelyn, eine der ersten Patientinnen, sagt: »Niemand glaubte, dass ich überleben würde. Heute bin ich gesünder als die meisten meiner Bekannten.« Und die Frau von Anthony, einem weiteren Patienten aus der ersten Studie, berichtet: »Anthony meint, er würde ewig leben, was natürlich keinem von uns vergönnt ist! Aber er hält unbeirrt an der pflanzlichen Ernährung fest und will unter keinen Umständen mehr davon abweichen.«

GESCHICHTE EINER LEBENSUMSTELLUNG

»Am 23. März 2012 entschloss ich mich zu einem rein pflanzlichen Lebensstil. Damals wog ich 130 kg und sollte meinen achten Stent bekommen. Die Chance, die für den 26. April geplante Hochzeit meiner Tochter noch mitzuerleben, ging gegen Null. Heute, etwas mehr als ein Jahr später, wiege ich 95 kg. Ich nehme keine Medikamente mehr und habe im zarten Alter von 56 Jahren wieder angefangen, regelmäßig Rugby zu spielen. Ich habe bei der Ernährung nie geschummelt, auch wenn meine Familie mich immer mal wieder dazu drängt, zur Feier meiner Erfolge über die Stränge zu schlagen. Lieber feiere ich jeden Tag, dass ich noch nicht unter der Erde liege.«

DAVID W.

Nach dieser ersten kamen viele weitere Patientengruppen, denen wir bei der Umstellung zu neuer Gesundheit halfen – immer mit den gleichen, geradezu wundersamen Ergebnissen. Gleichzeitig geht die Forschungsarbeit meines Mannes weiter. Auch seine letzte veröffentlichte Studie beweist, dass Patienten und Patientinnen, die verstanden haben, wie lebenswichtig die Ernährung ist, eher bereit sind, entsprechende Veränderungen vorzunehmen. Aus eigener Anschauung können wir dies bestätigen: Immer wieder sind die Betroffenen erstaunt, wie schnell sie sich kräftiger und gesünder fühlen und wie deutlich ihre Cholesterinwerte sinken. Und viele können anfangs gar nicht glauben, wie einfach sich die Behandlungsrichtlinien meines Mannes in die Tat umsetzen lassen. Vor allem aber sind sie unglaublich froh, dass sie selbst aktiv werden können, um den Fortgang ihrer Erkrankung zu stoppen oder gar rückgängig zu machen.

Die Regeln für Menschen mit Herzerkrankungen sind ganz einfach:

- ***Kein Fleisch***
- ***Keine Milchprodukte***
- ***Kein Öl und keine Nüsse***
- ***Wenig Salz und Süßungsmittel***

»Aber was kann man denn da noch essen?«, fragen erst einmal viele. »Eine köstliche und farbenfrohe Fülle von Gemüsesorten, jede Menge Obst, Hülsenfrüchte und Körner voller Ballaststoffe, wertvoller Nährstoffe und Antioxidantien – eine hervorragende Nahrung für Ihr Herz und die Gesundheit Ihres gesamten Körpers!«, lautet unsere Antwort.

Die Kunde von der verblüffenden Wirkung dieser Ernährungsweise weiterzugeben wurde uns in den letzten Jahren zur Herzens- und Familienangelegenheit. Unser Sohn Rip schrieb die Besteller »The Engine 2 Diet« sowie »My Beef with Meat« und begründete damit eine landesweite Bewegung. Und unsere Tochter Jane stellte den Rezeptteil für sein Buch »My Beef with Meat« zusammen, das in der *New York Times* bald die Spitze der Bestsellerliste erreichte.

Rip nennt seinen Ernährungsplan »pflanzenstark« und den meines Mannes »pflanzenperfekt«. Beide Programme enthalten weder Fleisch noch Milchprodukte oder Öle. Menschen mit Herzerkrankungen sollten außerdem Nüsse und Avocados weglassen und sich beim Verzehr von Sojaprodukten zurückhalten.

GESCHICHTE EINER LEBENSUMSTELLUNG

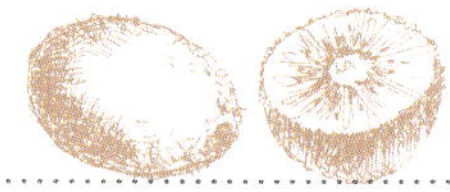

»Mein Mann und ich hatten schon lange kein Fleisch mehr gegessen, doch dann entwickelte sich bei ihm eine Herzerkrankung. Nach der Lektüre von ‚Essen gegen Herzinfarkt' nahmen wir weitere Veränderungen vor: Wir ließen die Smoothies weg, verwendeten mehr Vollkornprodukte und Kartoffeln und mieden von nun an alle Öle und pflanzlichen Fette sowie Süßungsmittel und Mehle. Indem er so den Esselstynschen Richtlinien zu 100 Prozent folgte, nahm mein Mann 25 kg ab und sein Cholesterinspiegel sank von 198 auf 108. Dreimal die Woche walken wir gemeinsam und seine Ausdauer hat sich – ebenso wie meine – im zurückliegenden Jahr drastisch verbessert. Mein Mann begeht diese Woche seinen 50. Geburtstag und feiert dabei vor allem, dass er noch für seine sechs Söhne, seine Tochter und seinen Enkelsohn da sein kann. Wir können Dr. Esselstyn gar nicht genug dafür danken, dass er uns dabei half, einige kleine, aber wirkungsvolle Veränderungen vorzunehmen, die einen so großen Nutzen brachten und meinen Mann von einem Herzkranken in einen lebensfrohen, gesunden, jungen Mann zurückverwandelten.«

SHARON W.

Unsere Tochter Jane ist eine ausgezeichnete Köchin mit einem feinen Gespür für die passenden Geschmacksnuancen. Ohne sie wäre ich beim Würzen nie über Balsamessig, Minze und Koriander hinausgekommen und würde ansonsten höchstens noch zu Würzhefeflocken greifen. Jane verleiht unseren Rezepten – und unserem Leben – Kühnheit und den entscheidenden Kick. Wir haben das große Glück, gleich neben ihr, ihrem Mann Brian und den drei Kindern zu wohnen. Wir finden es beide unheimlich spannend, uns neue Rezepte auszudenken, und es ist toll, mit etwas Neuem zum Probieren gleich nach nebenan laufen zu können. Jane hält allein Vorträge oder schließt sich mir und meinem Mann an, wenn wir durch die USA und ins Ausland reisen, um an Kongressen, Seminaren und anderen Events teilzunehmen. Jedes Mal teilen wir dann mit dem Publikum all die Tipps und Tricks, die wir nach Jahren des fettfreien, pflanzlichen Kochens entwickelt haben. Wir zeigen anderen, wie sie ohne verarbeitete Lebensmittel auskommen können, in denen oft viel zu viel Fett steckt, auch wenn sie als »vegan« deklariert werden. Und wir weihen sie in die Wunder ein, die Grünkohl und viele andere nahrhafte und köstliche Gemüsesorten wie Süßkartoffeln, Artischocken, Rote Bete, Pastinaken, Brokkoli, Gurken, Spargel und Bohnen wirken können, dazu Vollkorngetreide, Linsen und vieles mehr.

Dass die Patientinnen und Patienten, die den Regeln am konsequentesten folgen, auch die besten Ergebnisse erzielen, steht außer Frage. Zum Glück ist es aber auch gar nicht schwer, sie zu befolgen, denn eine vollwertige, rein pflanzliche Ernährung ist keinesfalls kompliziert! Sie brauchen keine Kalorien zu zählen oder irgendwelche Punkte auszurechnen – und es gibt kaum schwer zu beschaffende Zutaten. Halten Sie sich im Supermarkt einfach an die Gemüseabteilung. Gehen Sie zum Wochenmarkt oder legen Sie einen eigenen Garten an. Ganz absichtlich haben wir im Rezeptteil deshalb keine Angaben über Kalorien, Fette, Proteine oder Kohlenhydrate gemacht. Wir möchten, dass Sie Ihr Essen genießen und dass dabei für Sie nichts anderes zählt als das Glück, die vielen Vorteile der reinen Pflanzenkost für sich entdeckt zu haben.

Geschichte einer Lebensumstellung

»Ich bin 45 Jahre alt, habe immer gearbeitet und war auch sportlich aktiv. Vor etwas mehr als einem Jahr bekam ich jedoch Brustschmerzen. Ich ging zu meinem Arzt, der ein Blutbild und eine gründliche Untersuchung anordnete. Die Ergebnisse waren nicht gut: Mein Cholesterinwert lag bei 236. Und auch mein Blutdruck sowie meine Lipide wiesen viel zu hohe Werte auf. Eine MRT der Karotide ergab, dass meine Gefäßwände so dick waren wie bei einem 60-Jährigen und ich in puncto Verstopfung in der 85. Perzentile meiner Altersgruppe lag. Im Rückblick ist mir klar, wie ich damals gedacht habe: Weil ich regelmäßig Sport treibe, kann ich alles essen, was ich will, und bleibe automatisch gesund.

Als ich die Untersuchungsergebnisse mit meinem Arzt besprach, meinte er, das sei größtenteils genetisch bedingt, und wollte mir Statine verschreiben. Ich lehnte dies ab, weil mir die (bekannten und unbekannten) Nebenwirkungen dieser Medikamente unheimlich waren. Ich erwähnte, dass ich Dr. Esselstyn in dem Dokumentarfilm ‚Gabel statt Skalpell' gesehen und das Gefühl hätte, dass sich das Problem überwinden lasse, wenn ich dessen Rat befolgen würde. Mein Arzt sagte, eine einmal entstandene Herzerkrankung könne man nicht aufhalten oder gar zurückdrehen, bestenfalls könnten wir den Prozess mit Medikamenten verlangsamen! Ich besorgte mir ‚Essen gegen Herzinfarkt' und machte mich an die Umsetzung des Gelesenen. Ab sofort aß ich nur noch Pflanzliches, Vollkornprodukte, Gemüse und jede Menge Bohnen. Öle und verarbeitete Lebensmittel ließ ich allesamt weg. Nur mit dem Sport machte ich weiter wie bisher.

Nach drei Monaten ging ich wieder zu meinem Arzt und ließ ein weiteres Blutbild erstellen. Mein Cholesterinwert war auf 156 gefallen, mein Blutdruck lag bei 98/60. Meine Lipide waren niedrig und ich hatte keine Brustschmerzen mehr! Mein Arzt schien zufrieden mit den Ergebnissen – doch zu meinem Entsetzen wollte er mir immer noch Statine verschreiben! Ich sagte ihm, das komme gar nicht infrage und dass ich in einem Jahr wiederkommen würde, um die Karotide mit einer weiteren MRT nochmals untersuchen zu lassen.

In dem darauf folgenden Jahr hielt ich mich konsequent an die empfohlene Pflanzenkost. Wie Dr. Esselstyn es vorausgesagt hatte, verschwand mit der Zeit jegliches Verlangen nach Fleisch und Fett (Fleisch ekelt mich inzwischen regelrecht an). Fast ein Jahr nach der ersten MRT ließ ich eine zweite durchführen und die Ergebnisse verschlugen meinem Arzt die Sprache. Die Dicke meiner arteriellen Gefäßwände war stark zurückgegangen. Heute habe ich die Arteriendicke eines 35-Jährigen und was die Verstopfungen angeht, liege ich jetzt in der 32. Perzentile! Seit der letzten Untersuchung war ich rein kalendarisch ein Jahr älter, physiologisch aber um Jahre jünger geworden. Bei meinem letzten Besuch hörte mein Arzt auf, mir Statine zu empfehlen und riet mir nur noch: ›Was auch immer Sie tun – machen Sie weiter damit.‹«

BILL C.

Seit dem Erscheinen von »Essen gegen Herzinfarkt« haben wir viele neue Rezepte gesammelt und konnten es kaum erwarten, diese endlich in einem neuen Buch bündeln zu können. Inzwischen gibt es online ein Riesenangebot von veganen Kochbüchern, die aber leider längst nicht alle für herzkranke Menschen zu empfehlen sind. Viele verwenden Öle, Nüsse (250 g Cashewkerne in einem Rezept sind da gar nichts ..!), Avocados, Kokosnüsse, Sojaprodukte, Salz und/oder jede Menge Zucker. Das vorliegende Kochbuch dagegen enthält nur Rezepte, von denen wissenschaftlich erwiesen ist, dass sie gegen Herzerkrankungen wirken. Wenn Sie Fleisch, Milchprodukte und jegliches Fett aus Ihrer Ernährung streichen, gibt es nichts mehr, was die Innenwände Ihrer Arterien angreifen könnte – einer Gefäßerkrankung ist damit jede Grundlage entzogen.

Sowohl Jane als auch ich sind berufstätige Mütter, die mehrköpfige Familien bekochen, deshalb wissen wir, dass die Zeit für das Zubereiten von Mahlzeiten knapp ist, ja oft erst kurz vorher noch irgendwie in den Tagesplan eingequetscht werden muss. In dieses Kochbuch haben wir deshalb viele ganz einfache, aber köstliche und nachhaltig sättigende Gerichte aus Reis und Bohnen aufgenommen, die unter der Woche unsere typischen Hauptspeisen bilden. Auch schnelle Gerichte aus Nudeln, Gemüse, Reis und Bohnen eignen sich für herzhafte Mahlzeiten an Werktagen. Daneben werden Sie aber immer auch etwas anspruchsvollere Überraschungen finden, wie »Nori Noir – Nori-Blätter mit schwarzer Reisfüllung« (Seite 202), »Hotdog Karotte« (Seite 61), »Warme Laugenbrezeln« (Seite 137), unsere berühmte »Gestapelte Polenta nach Dr. Seuss« (Seite 122) und Janes himmlische »Grünkohltorte mit Heidelbeerguss« (S. 232).

Im hippokratischen Eid heißt es: »Meine Verordnungen werde ich nach bestem Wissen und Können zum Heil der Kranken anwenden, dagegen nie zu ihrem Verderben und Schaden.« Und doch raten die meisten Kardiologinnen und Kardiologen trotz all der vorliegenden, evidenzbasierten Forschung – nicht nur von meinem Mann, sondern auch von Dr. John McDougall, Dr. Neal Barnard, Dr. Dean Ornish und Dr. Colin Campbell von der Cornell University – nicht zu einer Ernährungsumstellung zur Vorbeugung und Heilung von Herzerkrankungen, weil sie meinen, die Betroffenen würden sich ohnehin nicht daran halten.

Was wir bezeugen können, ist das genaue Gegenteil. Dank des Erfolgs von »Essen gegen Herzinfarkt« und des eindrücklichen Dokumentarfilms »Gabel statt Skalpell« über meinen Mann und T. Colin Campbell sowie ihre Pionierarbeit auf dem Gebiet der medizinischen

Forschung dringt die Botschaft immer stärker an die Öffentlichkeit. Eine wachsende Anzahl von Prominenten, darunter Politiker, Schauspieler, Produzenten und Fernsehmoderatoren – allen voran Bill Clinton! – haben ihre Ernährung bereits umgestellt.

Manchmal fragen die Leute, wie man unsere Art der Ernährung überhaupt über längere Zeit durchhalten kann. Es gib dafür vier einfache Gründe: Die Gerichte sind leicht zuzubereiten, schmecken gut, es geht einem glänzend und man weiß, dass man so vor chronischen Krankheiten bestmöglich geschützt ist. Dieses Buch ist deshalb mehr als eine bloße Sammlung von Rezepten. Es bildet die Quintessenz unserer Erfahrung mit einem ganzheitlichen Lebensstil, der die gesamte Ernährung, die Familie und die Gesundheit mit einschließt.

Das größte Geschenk, das mein Mann und ich unseren Kindern und Enkelkindern machen konnten, ist die Freude an der pflanzlichen Vollwerternährung. Wir hoffen, dieses Kochbuch wird auch Ihnen und Ihren Lieben diese Freude vermitteln, sodass Sie wie einer von Caldwells Patienten sagen können: »Dieses Programm ist mein Anker inmitten einer tosenden See der unterschiedlichsten Ansätze, die am Ende allesamt doch nichts bringen. Seitdem ich seine Ernährungsregeln befolge, fühle ich mich sicher und rundum geschützt.« Mögen auch Sie bald fest in der vollwertigen Pflanzenkost verankert sein und daraus Lebensfreude gewinnen!

ANNE CRILE ESSELSTYN UND JANE ESSELSTYN

VORBEREITENDE SCHRITTE

DIE EIGENE ERNÄHRUNG UMZUSTELLEN kann einem, wie wir sehr gut wissen, erst einmal als riesige, kaum zu bewältigende Aufgabe erscheinen. In diesem Kapitel wollen wir deshalb ausführlich all die Schritte durchgehen, die Sie unternehmen können, um Ihre Speisekammer und Ihre Küche auf die leicht zu erlernende, herzgesunde Pflanzenkost vorzubereiten. Sie werden sehen, dass es ganz einfach geht. Doch hier erst einmal unser 12-Punkte-Programm, das Ihnen helfen wird, alle Hürden mühelos zu überspringen. Mehr brauchen Sie sich nicht einzuprägen.

Unser 12-Punkte-Programm für die gesunde Pflanzenkost

1 ESSEN SIE KEIN FLEISCH MEHR, ganz egal ob Rind, Schwein, Geflügel oder Fisch. Und zwar immer und überall. Kein Gramm Fleisch. Jede Zelle eines Tieres besteht aus Cholesterin. Jedes Stück Fleisch enthält gesättigte Fettsäuren und tierisches Protein. Neueste Forschungen deuten zudem darauf hin, dass beim Verdauen von Fleisch ein Nebenprodukt namens TMAO (Trimethylaminoxid) freigesetzt wird, das als ein sogar noch stärkerer Risikofaktor für Herzerkrankungen angesehen werden muss als Cholesterin. MEIDEN Sie auch stark verarbeitete vegane Fleischalternativen (wie zum Beispiel »Sojafleisch«), die alle unter Zugabe von viel Fett hergestellt werden.

2 ESSEN UND TRINKEN SIE KEINE MILCHPRODUKTE MEHR. Wie Fleisch enthalten auch alle Milchprodukte Cholesterin, gesättigte Fettsäuren, tierisches Protein und Kasein. Das Protein in Milchprodukten gehört zu den bedeutendsten bekannten Karzinogenen. Meiden Sie auch stark verarbeiteten, veganen »Sojakäse«, der ebenfalls viel Fett enthält.

3 VERWENDEN SIE KEIN ÖL! Und damit sind alle Öle gemeint. Sortieren Sie Ihr gesamtes Öl aus, auch wenn es sich um vermeintlich gesundes, kalt gepresstes Olivenöl handelt, denn ab sofort brauchen Sie es nicht mehr. Statt Öl verwenden wir beim Braten und Sautieren möglichst salzarme Gemüsebrühe, Wasser, Wein, Bier oder Essig. Sie werden sehen, dass all diese Alternativen gut funktionieren. Anstatt uns beim Backen auf Öl zu verlassen, verwenden wir ungesüßtes Apfelmus, ungesüßte Apfelbutter, Backpflaumen oder Bananen. Wir werden Ihnen auch zeigen, wie Sie sich ganz leicht ein fettfreies Salat-Dressing anrühren können (ab Seite 159), das Ihnen so gut schmecken wird, dass Sie stark fetthaltige Dressings gar nicht mehr vermissen werden. Auch Balsamessig pur schmeckt köstlich auf Salat und die vielen heute erhältlichen Geschmacksvariationen mit Früchten und Gewürzen sorgen für reichlich Abwechslung.

4 ESSEN SIE VOLLKORNHAFER. Grobe Haferflocken oder Haferschrot (auch »Hafergrütze« genannt) sind am besten, die stärker verarbeiteten feinen oder zarten Haferflocken (auch »Schmelzflocken«) eher weniger geeignet. Hafer hilft, Cholesterin- und Blutzuckerwerte zu senken sowie arterielle Entzündungen zu mindern. Wichtig ist allerdings, dass Sie ihn regelmäßig verzehren. Suchen Sie sich deshalb ein Frühstück mit Hafer, das Sie mögen, und essen Sie ab sofort JEDEN TAG Hafer! Genießen Sie Vollkornhafer zum Frühstück entweder in Form von Haferbrei oder als kaltes Müsli mit Pflanzendrink. Oder verwenden Sie Vollkornhafer für Waffeln oder Pfannkuchen.

5 ESSEN SIE VOLLKORNGETREIDE. Achten Sie darauf, dass vor den Begriffen »Weizen« oder »Roggen« in den Zutatenlisten all Ihrer Lebensmittel grundsätzlich »Vollkorn« steht – und vor »Reis« immer »Natur«. Fehlt dieser Zusatz auf dem Etikett, wurde das fragliche Lebensmittel wahrscheinlich aus Weißmehl hergestellt. Prüfen Sie bei Broten und anderen Backwaren außerdem immer, ob bei der Herstellung Fett zugesetzt wurde. Bäckereien und Backabteilungen, die loses Brot verkaufen, sind gesetzlich verpflichtet, jederzeit einsehbare Zutatenlisten bereitzuhalten.

6 ESSEN SIE »GRÜNZEUG«, insbesondere grünes Blattgemüse, dazu anderes Gemüse in allen Regenbogenfarben. Gekochtes oder rohes Gemüse ist am besten. Bauen Sie aus Grünkohl, Blattkohl oder Wirsingkohl ein Nest, auf dem Sie Ihre übrige Mahlzeit anrichten. Mischen Sie grüne Blätter in Ihre Speisen oder arrangieren Sie sie am Tellerrand. Rühren Sie sie in die Suppe. Geben Sie Grünkohl, Spinat oder anderes grünes Blattgemüse klein geschnitten vier Minuten vor Ende der Kochzeit zu Ihren Nudeln. Bereiten Sie Sandwiches mit grünen Kohlblättern zu. Verwenden Sie grüne Gemüseblätter anstelle von Tortillas für Ihre nächsten Wraps. Rollen Sie Mangold wie Sushiblätter auf. Mischen Sie einige Handvoll grüne Blätter in Ihre Nudelsoße, nutzen Sie sie als Belag Ihrer aus Vollkornweizenmehl und ohne Öl gebackenen Pizza und belegen Sie diese mit weiteren Gemüsesorten, keinesfalls aber mit Käse.

7 ESSEN SIE BOHNEN UND LINSEN! Alle Bohnen- und Linsensorten schmecken lecker und haben sich als ebenso sättigende wie gesunde Proteinquellen vielfach bewährt. Probieren Sie eine Suppe mit roten Linsen; sie sind rasch gar und verleihen der Suppe eine schöne Farbe. Mischen Sie Bohnen in Ihre Salate. Ein wahrhaft universelles, selbst gemachtes Hummus aus Kichererbsen ohne das sonst übliche Tahini (Sesammus) oder Öl fungiert bei uns als Brotaufstrich, Mayonnaise und Lieblingsdip für Gemüse und Cracker. Sogar als Zutat zu unserem Lieblingsdressing macht es sich prächtig. Unser wichtigstes Partygericht ist brauner Reis mit schwarzen Bohnen, reichlich gehackten Tomaten und Paprika, Maiskörnern, gehackten Frühlingszwiebeln, Wasserkastanien, Koriander und Rucola, übergossen mit einer würzigen Salsa.

8 MEIDEN SIE SO WEIT WIE MÖGLICH ZUCKER. Trinken Sie keine Fruchtsäfte und essen Sie stattdessen lieber die ganzen Früchte. Studieren Sie grundsätzlich alle Etiketten und meiden Sie zugesetzten Zucker. Lassen Sie sich nicht weismachen, eine Art von Zucker sei besser als die anderen. Heben Sie sich die süße Geschmacksnote für Geburtstage oder andere besondere Anlässe auf. Legen Sie stattdessen Trauben in Ihren Tiefkühler, die bei Bedarf als erstaunlich süße Köstlichkeit gelutscht werden können. Frieren Sie reife Bananen oder Mangos ein und pürieren Sie sie in einem Hochleistungsmixer zu einer köstlichen, milchfreien »Eiscreme«. Auch ein wenig Obst oder Trockenobst kann Gerichte angenehm versüßen. In einigen Rezepten verwenden wir Ahornsirup, weil er von allen Süßungsmitteln am wenigsten Fruktose enthält.

9 SEIEN SIE SPARSAM MIT SALZ. Studieren Sie Etiketten, um den Salzgehalt gekaufter Lebensmittel herauszufinden. Anstelle von Salz können Sie in vielen Fällen Essig, Zitronensaft, Limettensaft oder scharfe Soßen mit geringem Natriumgehalt einsetzen. Ehe Sie sich versehen, werden Sie sich an die weniger salzige Geschmacksnote gewöhnt haben. Oft gepriesene Feinschmeckersalze wie »Fleur de Sel« sind auch nicht besser. Lassen Sie sich nicht einreden, ein besonders teures Salz sei ernährungsphysiologisch wertvoller als alle anderen. Meiden Sie Salz, wo immer Sie können.

10 GEHEN SIE AUF ABSTAND ZU NÜSSEN, AVOCADOS ODER KOKOSNÜSSEN. 1-2 Esslöffel Chia- oder gemahlene Leinsamen pro Tag im Müsli oder auf dem Salat sind eine ausgezeichnete und völlig ausreichende Quelle für Omega-3-Fettsäuren. Gelegentlich etwas Sesamsamen aufzustreuen, ist ebenfalls okay.

11 TRINKEN SIE WASSER! Mit Wasser können Sie grundsätzlich nichts falsch machen. Im Gegenteil, Sie können viele Tausend Euro und ebenso viele Kalorien sparen, wenn Sie Wasser zu Ihrem Standardgetränk machen. Auf gar keinen Fall sollten Sie Limonaden und ähnliche Fertiggetränke wählen, ganz egal, ob sie nun Zucker oder Süßstoff enthalten. Auch Smoothies sollten Sie aus Ihrem Ernährungsplan streichen. Trinken Sie Ihre Kalorien nicht, kauen Sie sie lieber. Wenn Sie möchten, können Sie Wasser gelegentlich mit ein wenig Orangen- oder Apfelsaft aufpeppen, sollten aber auf keinen Fall regelmäßig Saft aus dem Glas trinken!

12 LESEN SIE ALLE Etiketten und Zutatenlisten. Sie werden erstaunt sein, wie viele Fette in Produkten mit dem Aufdruck »fettarm« noch stecken können. Besonders bedenklich sind Transfette, die als »gehärtetes« Fett aufgeführt werden müssen. Doch die Auszeichnungspflicht bei Lebensmittelzutaten hat so manches Schlupfloch. Bleiben Sie wachsam!

IHRE HERZFREUNDLICHE SPEISEKAMMER

Manchmal kann schon eine einfache Zutat, von der man noch nie gehört hat, zum Bremsklotz werden und die Begeisterung beim Ausprobieren neuer Rezepte dämpfen. Doch keine Angst! Wir erklären Ihnen alles und werden Sie gut vorbereiten. Schreiten Sie nur unbeirrt weiter voran und werden Sie zum Helden bei der Rettung Ihrer eigenen Gesundheit. Auf den folgenden Seiten nennen wir einige Grundnahrungsmittel, die Sie stets vorrätig haben sollten. Die Liste soll Ihnen helfen, Ihre Vorräte so aufzustocken, dass Sie sich ohne weitere Verzögerungen gleich ins Kochgeschehen stürzen können.

Würzhefeflocken

Die vielseitigen Flocken haben wir grundsätzlich immer im Haus. Allerdings haben sie wenig mit dem zu tun, was die meisten sich unter Hefe vorstellen. Es sind trockene, blassgelbe Flocken, die man in Naturkostläden und Reformhäusern kaufen kann. Sie bilden eine gute Proteinquelle und haben ein angenehm nussiges und cremiges Aroma. Wir benutzen Sie so wie andere Leute Parmesankäse, streuen sie auf fertige Gerichte oder lassen sie beim Kochen einschmelzen und fügen sie immer dann hinzu, wenn eine Soße oder Suppe etwas mehr Würze und eine cremigere Konsistenz bekommen soll.

Balsamessig

Unsere Speisekammer ist mit Essigen gut ausgestattet. Manche finden wir zufällig, andere müssen wir extra bestellen und wieder andere bekommen wir geschenkt. Essige gehören in unserer Küche zu den tagtäglichen Arbeitspferden. Mit ihnen lässt sich, wenn man ohne Salz kocht, hervorragend der Geschmack verstärken. Besonders dunkler Balsamessig ist sehr aromatisch. Zu hellem Balsamessig greifen wir immer dann, wenn die helle Farbe der Lebensmittel erhalten werden soll, zum Beispiel bei den »Blumenkohl-Steaks« (Seite 213) oder der »Mais-Schalotten-Suppe« (Seite 81). Inzwischen gibt es auf Essige spezialisierte Fachgeschäfte. Uns macht es immer wieder großen Spaß, uns durch die erstaunliche Vielfalt diverser Essigspezialitäten zu kosten. Für den Alltag braucht man jedoch keinen teuren oder ausgefallenen, aromatisierten Essig. Ein guter Basisessig ist vollkommen ausreichend.

Hummus

Hummus ohne Tahini (Sesammus) oder Öl ist bei uns Mayonnaise, Brotaufstrich, Lieblingsdip, Grundlage für verschiedene Dressings und Basis vieler anderer Rezepte zugleich. Er ist schnell und leicht selbst gemacht, deshalb bieten wir in diesem Buch auch eine Reihe unterschiedlicher Variationen an: »Selbst gemachtes Hummus« (Seite 94), »Hummus mit karamellisierten Zwiebeln« (Seite 96), »Süßkartoffel-Hummus« (Seite 96), »Grünes Zwiebel-Hummus« (Seite 94) und »Pesto-Hummus« (Seite 98). Manchmal wird in Naturkostläden auch fertiges Hummus ohne Tahini und Öl angeboten. Studieren Sie aber auch hier unbedingt die Zutatenliste.

Tofu

Tofu hat einen hohen Fettanteil, deshalb setzen wir ihn nur spärlich und in erster Linie für Desserts und Süßspeisen ein. Es ist wichtig, die richtige Art von Tofu zu wählen, um das gewünschte Ergebnis zu erzielen. In der Regel verwenden wir Seidentofu, der eine relativ weiche und geschmeidige Konsistenz aufweist. Normaler Tofu ist fester und krümeliger, während weicher Tofu wie Joghurt zerlaufen kann. Beide Varianten finden in diesem Buch keine Verwendung.

Chia- und Leinsamen

Essen Sie jeden Tag Chia- oder Leinsamen im Müsli oder im Salat, um für ausreichend Omega-3-Fettsäuren zu sorgen. Leinsamen muss zum Aufschließen der wertvollen Inhaltsstoffe – zum Beispiel in einer elektrischen Kaffeemühle – gemahlen und danach stets im Kühlschrank aufbewahrt werden, damit er nicht ranzig wird. Chiasamen kann als Ganzes verzehrt werden. Beide lassen sich auch zum Andicken verwenden. Als Ei-Ersatz brauchen Sie bloß 1 EL gemahlenen Leinsamen mit 3 EL Wasser oder 1 EL Chiasamen mit 4 EL Wasser zu verrühren und quellen lassen, um die einem Ei entsprechende Menge zu erhalten.

Brot und Mehl

Besonders vorteilhaft sind Brote aus gekeimtem Getreide ohne zugesetztes Fett. Fragen Sie in Naturkostläden oder Reformhäusern danach. Auch lokale Biobäckereien können meist weiterhelfen. Brötchen und Tortillas können ebenfalls aus gekeimtem Getreide hergestellt werden. Es gibt aber auch andere gute Vollkornbrote und -backwaren.

In diesem Buch verwenden wir vier verschiedene Mehle: Weizen-, Gersten-, Kichererbsen- und Hafervollkornmehl. Fühlen Sie sich frei, das Vollkornmehl zu wählen, das Ihnen am besten schmeckt.

Pflanzendrinks

Es gibt inzwischen viele verschiedene Pflanzendrinks. Finden Sie heraus, welche Ihnen am meisten zusagen. Wir empfehlen ungesüßten Mandel- oder Haferdrink. Fettarmer Sojadrink kommt ebenfalls infrage, doch achten Sie auf zugesetzten Zucker. Reisdrink kann zugesetztes Fett enthalten, daher sollten Sie Zurückhaltung üben und die Angaben zu den Inhaltsstoffen genau prüfen.

Gemüsebrühe

Gemüsebrühe verwenden wir in vielen Gerichten. Sie kann beim Anbraten oder Sautieren von Gemüse hervorragend das Öl ersetzen. Wenn Sie die nötige Zeit haben, ist es natürlich am besten, wenn Sie aus Gemüseresten und aufgefangener Kochflüssigkeit Ihre eigene Brühe kochen. Im Lebensmittelhandel gibt es inzwischen aber auch sehr gute, rein pflanzliche Gemüsebrühe zu kaufen. Wählen Sie nach Möglichkeit eine salzarme Variante.

Sollten Sie nichts finden, das Ihnen zusagt, stellen Sie Ihre eigene Brühe her.

Süßungsmittel

Reiner Ahornsirup ist das einzige Süßungsmittel, das bei uns außer reifem Obst gelegentlich zum Einsatz kommt. Die gute Nachricht ist, dass der Sirup köstlich schmeckt, die schlechte, dass er recht teuer ist. Wir benutzen ihn gezielt und sparsam und achten dabei auf eine gute Bioqualität. Künstliche Süßstoffe sollten Sie auf keinen Fall verwenden, weil sie den Süßhunger bloß weiter befeuern. Lassen Sie dagegen Süßes weitgehend weg, wird sich Ihr Geschmacksempfinden mit der Zeit wandeln und Ihr Süßhunger wird verschwinden. Halten Sie durch – es gibt Grund zur Zuversicht!

Grünes Gemüse: Grünkohl, Blattkohl, Wirsingkohl, Mangold, Spinat & Co.

Klein geschnittenes grünes Blattgemüse können Sie so gut wie jedem Gericht beifügen, um es noch schmackhafter und nährstoffreicher zu machen. Lassen Sie sich von vermeintlich schwer zuzubereitenden Gemüsesorten wie Grün- oder Blattkohl nicht abschrecken. Vor allem der Grünkohl ist eine wahre Nährstoffbombe und schmeckt darüber hinaus noch köstlich. Die dicken, oftmals harten Strünke entfernen wir vor der Zubereitung. Indem wir uns an die deutlich zarteren Blätter halten, machen wir aus dem Grünkohl fast so etwas wie Spinat mit etwas kernigerem Geschmack.

Viele grünblättrige Gemüsesorten haben keinen Mittelstrunk, der vor dem Kochen entfernt werden müsste. Die Blätter von Roter Bete, Mangold, Pak Choi oder Spinat sind zum Beispiel wesentlich zarter als Grünkohlblätter und haben daher auch eine kürzere Garzeit.

Grünkohlblätter abziehen: Unteres Ende des Kohlstrunks fest in eine Hand nehmen und die andere Hand um das untere Ende des Blattes legen. Nun sanft, aber bestimmt nach oben ziehen und dabei mit der Hand dicht am Stiel bleiben, damit sich das Blatt ablöst. Die Stiele können Sie entsorgen oder klein schneiden und in Suppen geben oder kochen und unter Salate mischen. Auch unsere Hunde essen sie übrigens gern.

Grünkohlblätter schneiden: Mit einem Messer das Blatt am Strang entlang abschneiden und anschließend mit einer Küchenschere noch mehrmals quer zerteilen oder per Hand in mundgerechte Stücke zupfen. Manchmal kochen wir den Grünkohl auch erst und schneiden ihn dann direkt im Topf oder Sieb mit einer Küchenschere in die gewünschte Größe.

Wichtige Küchenutensilien

Sie brauchen keine besondere oder kostspielige Ausrüstung, um rein pflanzlich und fettfrei zu kochen. Ein paar Werkzeuge, auf die wir nicht verzichten möchten, wollen wir aber doch erwähnen.

Reiskocher – Hilfreich beim Kochen von Reis oder anderen Körnern. Sie brauchen bloß den rohen Reis mit der entsprechenden Menge Wasser (oder Brühe) einzufüllen, um alles andere kümmert sich der Reiskocher. Wir nutzen unseren Kocher nicht nur für Naturreis, sondern auch für Quinoa, Gerste, Couscous, Emmer – einfach alle Körner.

Zester-Reiben – Dieser tolle Helfer (z. B. von Microplane) ist bestens geeignet, um Zesten herzustellen! Limetten, Zitronen und Orangen enthalten in ihren Schalen so viele Nähr- und Aromastoffe, dass es Sinn macht, sie in Form von Zesten in die Speisen zu geben. Mit einer Zester-Reibe ist dies ganz einfach möglich.

Zitrus-Reibahle – Gut, wenn eine kleine Saftmenge gefragt ist. Der geriffelte Mörser wird per Hand in die Hälfte einer aufgeschnittenen Zitrusfrucht gedreht.

Zitronenpresse – Löst den gesamten Saft aus Zitronen, Limetten und anderen Zitrusfrüchten. Im gelöcherten Abfluss werden die Samenkörner aus dem Saft aufgefangen und zurückgehalten. (Kleiner Hinweis: Limetten haben keine Samen.)

Küchenmaschine – Schneidet, raspelt, hobelt, knetet und verrührt alle festen und weichen Lebensmittel. Eine unschätzbare Bereicherung jeder Küche – und eine gute Küchenmaschine muss auch nicht unbedingt teuer sein.

PÜRIERSTAB – Ein wahrhaft zeitsparender Küchenhelfer, der zum Mixen und Pürieren direkt in den Suppentopf gehalten werden kann. Auch das Aufkommen an zu spülendem Geschirr wird durch ihn hilfreich begrenzt.

MIXER – Immer dann nützlich, wenn es größere Mengen oder gröbere Zutaten zu pürieren gibt, denen mit dem Pürierstab nicht so gut beizukommen ist.

TORTILLA-BACKFÖRMCHEN – Mit ihrer Hilfe lassen sich aus Vollkorntortillas feste, knusprige Salatschälchen backen (siehe »Knusprige Tortilla-Schälchen«, Seite 29).

YONANANS EISMASCHINE – Zaubert im Handumdrehen aus gefrorenen Früchten köstliches, rein pflanzliches Eis. Das elektrische Gerät ist nicht allzu teuer und überall zu bekommen. Am besten funktioniert es mit klein geschnittenen und gefrorenen Bananen als Grundzutat. Mit dem Gerät können Sie aber auch andere Früchte zu milchfreier »Eiscreme« verarbeiten (siehe unser Rezept für »Bananen-Softeis«, Seite 236). Alternativ können Sie auch auf einen Hochleistungsmixer (z. B. von Vitamix) zurückgreifen.

BACKPAPIER – Ein wahrer Segen, der uns davor bewahrt, unsere Formen einfetten zu müssen. Wir legen damit alles aus, vom Backblech bis zur Auflaufform, sodass nichts festkleben und den Abwasch unnötig erschweren kann.

GRUNDREZEPTE

In diesem Abschnitt finden Sie Rezepte, auf die Sie immer wieder zurückkommen werden, ob Sie sie allein, als Bestandteil aufwendigerer Gerichte oder als Topping zum Einsatz bringen. (Einen Vorrat an gerösteten, roten Paprikastreifen haben wir immer zur Hand!)

Gekochter Grünkohl

5–6 PORTIONEN

ZUTATEN

2 Bund Grünkohl, Stiele entfernt, Blätter in mundgerechte Stücke zerkleinert

Zubereitungsmöglichkeiten von Grünkohl und anderem grünen Blattgemüse gibt es so viele wie Menschen, die den Kohl gerne essen. Grünkohl macht nicht nur optisch etwas her, sondern ist auch supergesund und schmeckt einfach köstlich! Wir haben schon Gäste gehabt, die von dieser denkbar einfachen Zubereitungsart begeistert waren, obwohl sie sich selbst als »Grünkohlfeinschmecker« bezeichneten. Wenn Sie Mangold nehmen, brauchen Sie den Mittelstrunk nicht zu entfernen – er ist essbar und gilt als Delikatesse. Hier ist unser Grünkohl-Grundrezept, das entsprechend auch für (anderen) Blattkohl gilt. (Beide lassen sich auch gut mischen.)

ZUBEREITUNG

Grünkohl in einen großen Topf mit kochendem Wasser geben, Deckel auflegen und so lange köcheln lassen, bis der Kohl weich ist (etwa 5 Minuten). In einen Seiher abgießen und allein oder mit »Maissoße« (Seite 102), »Zitronen-›Käse‹-Soße« (Seite 103), einem Dressing Ihrer Wahl oder einem guten Balsamessig servieren.

Geröstete rote Paprika

3-4 PORTIONEN

ZUTATEN

6 rote Paprika
3 EL Balsamessig
2 TL fein gehackter Knoblauch
1 TL getrockneter Basilikum
1 TL getrockneter Thymian
1 TL getrockneter Rosmarin
1 TL getrockneter Majoran
1 TL getrockneter Oregano

Tipp

Reste vom Paprikasaft mit ein wenig Orangensaft und Hummus, Balsamessig und Senf zu einem umwerfend leckeren Salatdressing verrühren.

Ein köstliches Rezept! Wir verwenden geröstete Paprika für Salate, Salat-Dressings, Sandwiches, Wraps, Reis, Körner, Gemüsepfannen, Burger und Bohnengerichte. Sie verfeinern alles und geben vielem einfach einen tollen Geschmack. Mit ihrer knallroten Farbe sehen sie außerdem klasse aus! Weil sie so gut sind, machen wir immer gleich das doppelte Rezept (die Menge an Kräutern braucht dabei allerdings nicht verdoppelt zu werden). Die aus den Schoten austretende Flüssigkeit sollten Sie auffangen, denn sie eignet sich wunderbar zur Abrundung von Salatdressings. Am einfachsten geht dies, wenn Sie die Schoten kühlen, vor dem Schälen einstechen und den Saft in der Schüssel zusammen mit den gerösteten Paprikastreifen aufbewahren.

ZUBEREITUNG

1 Ofen auf 230 °C vorheizen.

2 Paprika auf ein Backblech legen und rösten, bis sie auf einer Seite schwarz werden, dann nach und nach umdrehen, bis sich alle Seiten verfärbt haben. (Manche rösten die Schoten auch einzeln über einer Gasflamme, das ist ebenso gut möglich.) Abkühlen lassen.

3 Geröstete Paprika unter laufendem Wasser schälen und in lange Streifen schneiden. Saft auffangen. Mit Essig, Knoblauch, Basilikum, Thymian, Rosmarin, Majoran und Oregano in einer Schüssel mindestens 30 Minuten ziehen lassen. Aufgefangenen Saft ebenfalls in die Schüssel gießen.

Karamellisierte Zwiebeln

1-2 PORTIONEN

ZUTATEN

1 große Zwiebel, gewürfelt oder auf Wunsch auch in dünne Stifte geschnitten

Variation

2 TL Balsamessig zu den Zwiebeln geben und verrühren, bis sie gleichmäßig benetzt sind schon haben Sie »Karamellisierte Balsamico-Zwiebeln«!

Eine sehr heiße Pfanne ist der Schlüssel zum Erfolg beim Karamellisieren von Zwiebeln, die bei uns so beliebt sind, dass sie zu unseren Grundnahrungsmitteln gehören.

ZUBEREITUNG

1 Bratpfanne auf höchster Stufe erhitzen und dabei so heiß werden lassen, dass ein hineingegebener Wassertropfen nicht verdampft, sondern wie eine Perle über den Pfannenboden rollt.

2 Zwiebeln in die sehr heiße Pfanne geben und immer wieder wenden, bis sie braun werden. Unter weiterem Wenden Hitze reduzieren und Zwiebeln garen. 1 TL Wasser zugeben und weiter kontinuierlich wenden, bis die Zwiebeln gut gebräunt und ganz gegart sind. Warm servieren oder zugedeckt im Kühlschrank aufbewahren.

Sautierte Pilze

CA. 50 G

ZUTATEN

250 g Pilze, in Scheiben geschnitten

Variation 1

Kurz vor dem Wenden 1 EL Balsamessig zugeben und rühren, bis die Pilzscheiben gleichmäßig von Essig benetzt sind (schon haben Sie »Sautierte Balsamico-Pilze«!).

Variation 2

Gegen Ende der Garzeit 1-2 EL Barbecue-Soße zu den Pilzen geben.

Jeder von uns könnte diese Menge ganz allein aufessen – die Pilze sind bei uns unheimlich beliebt!

ZUBEREITUNG

1 Pfanne auf höchster Stufe erhitzen.

2 Pilzscheiben flach in die Pfanne legen. Die Pilzscheiben sollten sich nicht überlappen, sondern auf der unteren Seite vollen Kontakt zum sehr heißen Pfannenboden haben. Eine Minute sautieren lassen, dann die Herdplatte auf mittlere Stufe herunterdrehen. Einige Minuten warten, bis die Pilze braun werden und zu duften beginnen.

3 Nach 4-5 Minuten die Pilzscheiben wenden und von der anderen Seite bräunen. Bei Bedarf etwas Wasser zugeben, ansonsten in ihrem eigenen Saft wenden und 2 weitere Minuten garen.

4 Warm servieren oder zugedeckt im Kühlschrank aufbewahren.

Gegrillte Ananas

4-6 SCHEIBEN

ZUTATEN

1 Ananas, geschält, den harten Mittelstrang entfernt und in 2,5 cm dicke Scheiben geschnitten

ZUBEREITUNG

1 Einen Kontakt- oder Sandwichgrill heiß werden lassen, Ananasscheiben auflegen, Deckel schließen und die Scheiben grillen, bis dunkelbraune Grillstreifen zu sehen sind.

2 Sofort auf einem »Rote-Bete-Burger mit gegrillter Ananas« (Seite 208), einem »Hochhaus-Sandwich« (Seite 59), auf »Salatpizza« (Seite 187) oder als Bestandteil eines Salats servieren.

Knusprige Tortilla-Schälchen

6 SCHALEN

ZUTATEN

6 Tortillas

Die Backförmchen für Tortilla-Schalen fand ich vor einigen Jahren als Weihnachtsgeschenk für meine Mutter. Zufällig kam zur gleichen Zeit Rips Buch »Engine 2« mit Rezepten für leckere Wraps heraus. Zu Weihnachten gab es folglich seine Füllungen in diesen Tortilla-Schalen. Das Schöne ist, dass die Schalen so dicht sind und nicht durchsuppen. Befüllen Sie sie mit »Sandras Chili« (Seite 182) oder »Sloppy Joe und Tidy Jane« (Seite 212). Richtig Eindruck können Sie auch schinden, wenn Sie Salat in diesen essbaren Schälchen servieren (siehe das Kapitel »Herzhafte Salate« Seite 143 ff.).

ZUBEREITUNG

Ofen auf 180 °C vorheizen. Förmchen mit Tortillas auslegen und 8-10 Minuten backen, bis die Schälchen schön knusprig sind.

Mais-Tacos und -Tostados

10 TACOS ODER TOSTADOS

ZUTATEN

10 Mais-Tortillas

Aus fertig gekauften Mais-Tortillas backen wir:

- *gebogene Tacoschalen zum Befüllen*
- *flache Tostados zum Belegen*
- *knusprige Tortillachips zum Knabbern.*

ZUBEREITUNG

1 Ofen auf 180 °C vorheizen.

2 Für Tacoschalen die Tortillas über ein oder zwei Stangen eines Ofengitters legen und nach unten hängen lassen. Für Tostados die Tortillas flach auf dem Ofengitter ausbreiten.

3 5-10 Minuten backen und dabei immer wieder nachschauen, damit nichts anbrennt. Sobald sie rundum knusprig sind, aus dem Ofen nehmen. (Beim Abkühlen werden sie noch etwas knuspriger.) Warm servieren.

FRAGEN UND ANTWORTEN

MIT DR. MED. CALDWELL ESSELSTYN

Was ist das Besondere an Ihrem Ansatz zur Behandlung von Herzerkrankungen? Mein Behandlungsprogramm spricht die Ursachen der Erkrankungen an, nicht die Symptome. Es ist eine auf einer grundlegenden Ernährungsumstellung basierende Therapie, von der wissenschaftlich erwiesen ist, dass sie Herzerkrankungen nicht nur aufhalten, sondern auch rückgängig machen kann. Es gibt keinen anderen Behandlungsansatz, der von einer so langfristig angelegten wissenschaftlichen Studie gestützt wird und darüber hinaus so dramatische, deutlich sichtbare Erfolge erbrachte. Koronar-Angiogramme (Röntgenuntersuchungen) der Patienten in meiner Studie belegen einen tatsächlichen Rückgang der Erkrankung. Um solche Erfolge erzielen zu können, müssen meine Patienten sich strikt an ein rein pflanzliches Ernährungsprogramm halten, aber die Wirkungen sind wirklich jede Mühe wert. Für die bereits schwerwiegend Erkrankten ist es die wirksamste Behandlungsoption – viel weniger gefährlich und zugleich viel effektiver als invasive chirurgische Verfahren wie Stents und Bypass-Operationen (außer in akuten Notfällen natürlich) und erst recht effektiver als der alleinige Einsatz von Medikamenten. Die traditionelle Kardiologie stützt sich auf technische Lösungen, um die Symptome einer Herzerkrankung zu bekämpfen, geht aber nicht deren Ursachen an. Mein Ansatz versucht nicht, irgendwelche Lücken zu stopfen oder Verstopfungen zu weiten, sondern schützt noch nicht erkrankte Menschen umfassend vor der Entwicklung von Symptomen und macht die Erkrankung rückgängig, wenn es schon Symptome gibt. Das Beste daran aber ist, dass die Vorteile über längere Zeit bestehen bleiben, ja sich im weiteren Verlauf immer noch weiter verstärken. Ich freue mich immer sehr, wenn ich bei einem Patienten nach dem anderen erlebe, wie der Erkrankungsprozess zum Stillstand kommt und sich krankhafte Veränderungen zurückbilden, vor allem, wenn ich ihre Freude und Erleichterung sehe, wenn sie von der Krankheit befreit sind, die schon im Begriff war, ihr Leben zu zerstören.

Was würden Sie jemandem sagen, der zur Behandlung seiner Herzerkrankung das Setzen eines Stents oder ein anderes chirurgisches Verfahren oder eine medikamentöse Therapie erwägt? Alle Herzpatientinnen und -patienten, bei denen kein absolut akuter Notfall vorliegt, sollten zunächst die Gelegenheit zu einer umfassenden, nicht-chirurgischen Behandlung wahrnehmen. Dies ist nicht nur meine Meinung, sondern die der führenden Expertinnen und Experten aus Boston, Hartford, Houston, Stanford, San Diego, Seattle und Cleveland. Bei mir besteht der Unterschied darin, dass ich eine umfassende Umstellung hin zu einer rein pflanzlichen Ernährung befürworte, um die Krankheit zum Stillstand zu bringen und sogar rückgängig zu machen, sodass am Ende jeglicher operative Eingriff überflüssig wird. Medikamente allein können Herzinfarkten nicht vorbeugen und bringen die Symptome einer Herzerkrankung nicht zum Stillstand.

Wie sollte mein LDL-Wert beschaffen sein? LDL ist das »schlechte« Cholesterin. Je näher der Wert 80 bis 85 kommt oder sogar noch darunter liegt, desto besser. Ist jemand nicht in der Lage, Statine einzunehmen, ernährt sich aber pflanzlich und sein LDL sinkt nicht unter 95 bis 105, kann man davon ausgehen, dass dies trotzdem in Ordnung ist. Von den indigenen Tarahumara in Nordmexiko, bei denen keine Herzerkrankungen auftreten, haben wir gelernt, dass das Schlüsselelement mit dem höchsten Schutzpotenzial nicht so sehr der reine LDL-Wert ist, sondern die Gewissheit, dass nichts gegessen wird, was eine Gefäßkrankheit befördern oder die Endothelzellen angreifen kann.

Soll ich Statine nehmen oder nicht? Statine sind nicht der Grund dafür, dass manche indigenen Kulturen wie die der Tarhumara in Nordmexiko oder die Hochlandbevölkerung von Papua-Neuguinea keine Herzerkrankungen kennen. Statine scheinen bei der primären Prävention nur von bescheidenem Nutzen zu sein, helfen aber einigen, bei denen bereits eine Herzerkrankung sicher diagnostiziert worden ist. Unsere größten Erfolge dabei, solche Erkrankungen anzuhalten oder gar rückgängig zu machen, hatten wir bei Patientinnen und Patienten, die Statine entweder nicht nehmen wollten oder nicht nehmen konnten. Für die Prävention von Herz-Kreislauferkrankungen ist nichts wirksamer als eine rein pflanzliche Ernährung.

In meiner Familie treten Herzerkrankungen häufiger auf, spielt das eine Rolle? Unsere Daten deuten darauf hin, dass selbst Menschen mit einer starken familiären Vorbelastung durch eine rein pflanzliche Ernährung vor Herz-Kreislauferkrankungen geschützt werden. Die genetisch bedingte Anfälligkeit lädt die Waffe, aber der Lebensstil hat den Finger am Abzug.

Bekomme ich denn bei einer rein pflanzlichen Ernährung auch genug Protein? Der Proteingehalt einer abwechslungsreichen Kost aus Vollkorngetreide, Hülsenfrüchten und Obst sowie reichlich rotem, gelbem und grünem Gemüse reicht aus, um selbst Profisportler bei Ironmen-Wettkämpfen, im Profibußball, diversen Kampfsportarten und in der Leichtathletik mit Protein zu versorgen. Machen Sie deshalb einen großen Bogen um alle Proteindrinks. Das zusätzliche Protein ist nicht nur komplett unnötig, sondern kann sogar schädlich sein, wenn es auf tierischem Protein basiert.

Woher bekomme ich genug Kalzium? Die Einnahme von Kalziumpräparaten ist nicht notwendig. Eine pflanzliche Kost mit reichlich Vollkorngetreide, Hülsenfrüchten und vor allem grünem Blattgemüse ist für die Kalziumversorgung völlig ausreichend.

Warum darf ich nach Ihrem Ernährungsplan kein Öl verwenden? KEIN ÖL! Nicht einmal Olivenöl, was vielen oft gehörten Ratschlägen widerspricht, in denen die Existenz »guter Fette« immer wieder beschworen wird. Die Wahrheit ist, dass es keine guten Fette gibt, weil alle einen extrem geringen Nährwert besitzen. Sie enthalten keine Ballaststoffe, keine Mineralien und bestehen zu 100 Prozent aus Fettkalorien. Sowohl die einfach ungesättigten als auch die gesättigten Fettsäuren sind außerdem schädlich für die Endothelzellen, die das Innere unserer Arterien auskleiden, und die dadurch entstehenden Schädigungen sind die größte Einfallsschneise für die üblichen Herzerkrankungen. Ob es sich nun um Olivenöl, Maisöl, Kokosnussöl, Rapsöl oder irgendeine andere Art von Öl handelt – meiden Sie ALLE Öle. Dies ist ein so wichtiger Grundsatz, dass ich ihm in meinem Buch »Essen gegen Herzinfarkt« gleich ein ganzes Kapitel gewidmet habe.

Warum soll ich Nüsse und Avocados weglassen? Weil Nüsse eine reichhaltige Quelle von gesättigten Fettsäuren sind, rate ich Herzpatientinnen und -patienten, sie gar nicht zu verzehren. Damit sind auch Erdnüsse und Erdnussmus (oder »Erdnussbutter«) ausgeschlossen, obwohl Erdnüsse streng genommen Hülsenfrüchte sind. Für Menschen mit Herzerkrankungen wäre es einfach genau das Falsche, noch mehr gesättigte Fettsäuren zu sich zu nehmen. Für Menschen, die keine Herzerkrankungen haben, ihre pflanzliche Ernährung durch Nüsse und Avocados ergänzen möchten und einen Cholesterinwert von unter 150 und einen LDL-Wert von unter 80 erreichen, ohne cholesterinsenkende Medikamente einzunehmen, sind Nüsse und Avocados in Maßen erlaubt. Kastanien zählen zwar zu den Nüssen, haben aber nur sehr wenig Fett und stellen deshalb kein Problem dar.

Darf ich Samen wie Lein-, Chia-, Kürbis- und Sesamsamen verzehren? 1-2 Esslöffel Chia- oder gemahlene Leinsamen täglich sind für die Versorgung mit Omega-3-Fettsäuren für Herzkranke ebenso wie für Menschen ohne Herzprobleme ausreichend. Gelegentlich in Brot oder Cracker eingebackene Samen sind akzeptabel. Essen Sie sie aber nicht löffelweise oder aus der hohlen Hand.

Warum kein Eiklar, keinen fettfreien Joghurt und keine Magermilch, obwohl sie doch kaum Fett enthalten? Alle diese Produkte enthalten ausnahmslos tierisches Protein und tierisches Protein schädigt nun einmal die Innenwände der Arterien. Darmbakterien von Menschen, die Fleisch essen, produzieren darüber hinaus TMAO, die weitere Schädigungen der Arterien nach sich ziehen.

Woher bekomme ich meine Omega-3-Fettsäuren? Omega-3-Fettsäuren werden bei einer rein pflanzlichen Ernährung mit viel grünem Blattgemüse in ausreichendem Maße aufgenommen. 1-2 Esslöffel Chiasamen oder gemahlene Leinsamen täglich sind völlig akzeptabel. Meiden Sie jedoch Leinöl.

Sollte ich Fischölkapseln einnehmen? Fischöl ist kein essenzielles Öl. Fische beziehen ihre Omega-3-Fettsäuren aus Pflanzen. Einen Mangel an Omega-3-Fettsäuren zu entwickeln, wenn man täglich 1-2 Esslöffel Chiasamen oder gemahlenen Leinsamen und zusätzlich auch noch grünes Blattgemüse verzehrt, ist äußerst schwer, und es gibt auch Forschungsarbeiten, die nahelegen, dass pflanzlich essende Menschen in der Bildung ihrer eigenen Omega-3-Fettsäuren sehr effizient werden. Wer Fischöl einnimmt, hat außerdem ein erhöhtes Blutungsrisiko und neuere Studien deuten darauf hin, dass die Kapseln herzkranken Menschen keinerlei Nutzen bringen.

Welche Vitamine sollte ich einnehmen? Nehmen Sie Vitamin B12. Wenn Sie reichlich grünes Blattgemüse verzehren, ist ein Multivitaminpräparat überflüssig. Lassen Sie den Vitamin D-Wert im Blut bestimmen und ergänzen Sie entsprechend, um im unteren Normbereich zu bleiben.

Wie ist es mit Smoothies? Smoothies sollten Sie nicht trinken. Die Ballaststoffe sind so fein püriert und werden so schnell geschluckt, dass sie im Mund nicht mit nützlichen Bakterien vermischt werden. Der Zucker wird von den Ballaststoffen in den Früchten getrennt und wird im Mund nicht vorverdaut, was zu einem enormen Glukoseanstieg führt. Die Fruktose fördert Entzündungen und Schädigungen der Endothelzellen. Kauen Sie deshalb grundsätzlich lieber alle Ihre Lebensmittel.

Und wie ist es mit dem Entsaften? Entsaften Sie Obst und Gemüse lieber nicht. Fructose, der Fruchtzucker, wird beim Entsaften von den Ballaststoffen getrennt und dadurch zu rasch aufgenommen, sodass er schädlich wirkt. Ihnen entgehen dabei alle Vorteile der Ballaststoffe, die am besten aufgenommen werden, wenn man die ganze Frucht oder das ganze Gemüse isst. Kauen Sie Ihr Essen, besonders das grüne Gemüse.

Wie ist es mit Fruchtsaft? Fruchtsaft zu trinken ist so, als würden Sie sich den Inhalt einer Zuckerdose in den Hals schütten. Es ist viel besser, die ganzen Früchte zu essen. Trinken Sie keinen Saft.

Was soll ich trinken? Wasser.

Ist es in Ordnung, Kokosnusswasser zu trinken? Kokosnusswasser besteht zu 85 Prozent aus gesättigten Fettsäuren und zu 50 Prozent aus Zucker. Sparen Sie Ihr Geld und kaufen Sie es lieber nicht.

Hat man bei so einem strikten Ernährungsprogramm überhaupt noch Freude am Essen? Alle, die es je ausprobiert haben, sind davon begeistert. Es ist eine Frage der Einstellung – und man braucht eine positive Einstellung, um sich darauf einzulassen und zu verstehen, dass diese Art von Ernährung das Beste ist, was Sie für Ihren Körper tun können. Dann wird Ihr Körper Ihnen auch helfen, sich an die neuen Gegebenheiten anzupassen. Ihre Gier nach Fett geht verloren, der Fettanteil Ihres Körpers sinkt und Ihre Zuckerrezeptoren bilden sich zurück. Sobald dies eintritt, können Sie den natürlichen Geschmack pflanzlicher Lebensmittel voll und ganz wertschätzen und sich an all den bunten und leckeren Varianten erfreuen.

FRÜHSTÜCK

UNSER GUTER RAT FÜR EINEN GESUNDEN START IN DEN NEUEN TAG: Essen Sie HAFER! Finden Sie täglich eine Möglichkeit, Hafer in Ihr Frühstück einzubauen. Selbst wenn Sie meinen, keinen Hafer zu mögen, essen Sie ihn. Das Verrückte ist, dass Sie ihn über kurz oder lang mögen werden. Es ist erstaunlich, wie sich der persönliche Geschmack verändern kann.

Es gibt drei Gründe dafür, warum es so wichtig ist, täglich Hafer zu essen:

1. Hafer hilft, das Cholesterin zu senken.

2. Hafer wirkt antientzündlich.

3. Die Wirkung von Hafer ist dosisabhängig: Je mehr Sie davon essen, desto besser wirkt er.

Aus diesem Grund ist unser Frühstückskapitel ziemlich haferlastig. Neben einigen traditionellen Zubereitungsarten haben wir deshalb auch neue Ideen aufgenommen, die Sie überraschen, unserer festen Ansicht nach aber auch überzeugen werden.

Die erfolgreichsten Patientinnen und Patienten meines Mannes, die teilweise schon seit fast 30 Jahren dabei sind, essen ALLE täglich Hafer zum Frühstück! Evelyn bezeichnet ihr Haferfrühstück als ihre Lieblingsmahlzeit des Tages, Anthony gibt Spinat und Tiefkühlgemüse in seinen herzhaften Haferbrei. Manche kochen ihre Haferflocken, andere essen sie kalt als Müsli – auf ihre Art greifen jedoch alle täglich auf Hafer zurück.

Denken Sie gleichzeitig aber bitte auch daran, täglich 1-2 Esslöffel Chia- oder gemahlene Leinsamen in Ihr Haferfrühstück zu geben. Auf diese Weise sorgen Sie für ausreichend Omega-3-Fettsäuren.

Essys Frühstücksmüsli

1 PORTION

ZUTATEN

75 g grobe Haferflocken
1 Banane, in Scheiben
1 EL Rosinen
50-150 g Beeren (zum Beispiel Heidelbeeren, Himbeeren, Erdbeeren)
1-2 EL Chiasamen oder gemahlene Leinsamen
2-3 EL ungesüßtes Müsli aus gekeimtem Getreide (optional)
2-3 EL Vollkornweizenkissen (optional)
250 ml ungesüßter Mandeldrink oder Haferdrink

Was wir morgens essen, haben wir uns mehr oder weniger alle von meinem Mann abgeschaut. Er mischt sich dieses Müsli seit mindestens 40 Jahren nahezu unverändert, und zwar JEDEN Tag, mit so gut wie KEINER Ausnahme. Und manchmal isst er es auch noch einmal abends nach dem Abendessen, als eine Art Nachtisch ...

ZUBEREITUNG

In einer großen Müslischale Haferflocken, Bananenscheiben, Rosinen, Beeren, Chia- oder Leinsamen und gegebenenfalls die optionalen Zutaten miteinander vermischen. Mit Mandel- oder Haferdrink genießen und voller Schwung in den Tag starten!

Anns Haferflocken mit Trauben

1 PORTION

ZUTATEN

50-75 g grobe Haferflocken
8-12 Trauben, halbiert
1 EL Chia- oder gemahlene Leinsamen

Mein Lieblings-Haferfrühstück! Wichtig ist nur, dass jeder Löffelvoll eine saftige Traube enthält. Außer dem Saft der Trauben gibt es nämlich keine Flüssigkeit. Jane wäre das viel zu trocken, aber ich finde es gerade richtig!

ZUBEREITUNG

Haferflocken mit Trauben und Chia- oder Leinsamen in eine Müslischale geben und gut vermischen. Zusätzliche Beeren sind immer willkommen – solange jeder Biss eine Traube enthält.

Variation

Für ein köstliches, etwas saftigeres Müsli eine Grapefruit halbieren, Fruchtfleisch herauslöffeln, Saft ausdrücken und beides über die Haferflocken verteilen. Darüber eine Banane in Scheiben, Chia- oder Leinsamen und frische oder gefrorene Beeren geben.

Bananen-Haferbrei

2 PORTIONEN

ZUTATEN

1 große, reife Banane
250 ml Wasser
1 TL gemahlene Vanille
8 EL Haferschrot
1 EL Chiasamen oder gemahlene Leinsamen
4 EL Heidelbeeren, frisch oder tiefgefroren
Rosinen (optional)
Muskat (optional)
Zimt (optional)

Haferbrei mochte ich nie, weil ich ihn immer viel zu schleimig fand. Haferschrot (auch »Hafergrütze« genannt) wird beim Kochen nicht so weich und schmeckt gleich viel kerniger. Als mir eine Frau erzählte, sie möge in »Mangomilch« (der pürierten Flüssigkeit einer Mango) gekochtes Haferschrot, begann ich zu experimentieren. Dieser in »Bananenmilch« gekochte Brei schmeckt wirklich köstlich und ist schnell und einfach gemacht. Bereiten Sie gleich die dreifache Menge »Bananenmilch« zu. Ich garantiere Ihnen, sie ist so köstlich, dass Sie gleich die ganze Woche nur noch Bananen-Haferbrei zum Frühstück essen möchten! Achten Sie darauf, eine wirklich reife Banane zu verwenden, dann ist die Süße unvergleichlich. Mir schmeckt dieses Frühstück wie ein leckerer Bananenkuchen.

ZUBEREITUNG

1 Banane, Wasser und Vanille in einem Mixer verquirlen. »Bananenmilch« in einen kleinen Kochtopf geben, Haferschrot einrühren und zum Kochen bringen. Deckel auflegen und etwa 8 Minuten köcheln lassen. Dabei gelegentlich umrühren, damit nichts anbrennt.

2 Sollte Ihnen die Mischung noch ein wenig dünn erscheinen, brauchen Sie sie nur ein paar Minuten stehen zu lassen, damit der Hafer noch etwas von der Flüssigkeit aufsaugen und fester werden kann. Ist der Hafer für Ihren Geschmack noch nicht weich genug, lassen Sie ihn einfach noch ein paar Minuten länger kochen.

3 Geben Sie den Frühstücksbrei in eine schöne Schale und fügen Sie ganz nach Ihrem persönlichen Geschmack frische oder gefrorene Heidelbeeren, andere Beeren, Leinsamen, Chiasamen, Rosinen, Muskatnuss, Zimt oder Ähnliches hinzu. Aber auch solo schmeckt dieser Frühstücksbrei lecker und erstaunlich süß.

Variation

Meine Nichte Lili ist mit mir einer Meinung, dass Haferbrei nicht zu schleimig sein darf. Deshalb mag sie Haferschrot am liebsten, wenn er in einem Reiskocher gegart wird. Auf diese Weise braucht sie sich nicht ums Rühren zu kümmern und kann ihr Frühstück unbeschwert vor sich hinquellen lassen, während sie sich morgens im Bad für die Arbeit fertigmacht. Wenn Sie einen Reiskocher haben, probieren Sie die Methode ruhig einmal aus – vielleicht ist dies ja auch für Sie genau die richtige Lösung!

Haferbrei mit Zimtstange und Quinoa

2-4 PORTIONEN

ZUTATEN

1 Zimtstange
1 l Wasser
100 g grobe Haferflocken
200 g Quinoa, gekocht
4 EL Rosinen
Pflanzendrink (optional)
Kleingeschnittenes Obst wie z. B. Bananen, Äpfel oder Beeren (optional)

Unsere mexikanische Freundin Norma überraschte uns eines Morgens mit dieser interessanten Kombi. Norma war mehrere Jahre lang mexikanische Landesmeisterin im Laufen und sagte, dieser Frühstücksbrei sei unter Langstreckenläuferinnen und -läufern ganz besonders beliebt. Aber auch für alle anderen, die für den vor ihnen liegenden Tag einen extra Energieschub brauchen, ist er bestens geeignet. Falls Sie Quinoa mal zum Abendessen machen, bereiten Sie gleich eine Extraportion zu und bewahren Sie sie für den nächsten Morgen auf, denn die Mischung von Quinoa und Hafer ist unglaublich köstlich. Besonders lecker schmeckt sie mit einem klein geschnittenen Apfel oder – so mag es Norma am liebsten – mit einer klein geschnittenen Banane.

ZUBEREITUNG

1 Zimtstange mit dem Wasser in einen Kochtopf geben und zum Kochen bringen. Haferflocken zugeben, Deckel auflegen, Herdplatte herunterschalten und 15 Minuten köcheln lassen, bis die Haferflocken weich sind (die Zimtstange sollte die ganze Zeit über im Topf bleiben.)

2 Rosinen und Quinoa einrühren und den Topf weitere 5 Minuten auf der ausgeschalteten Herdplatte stehen lassen. Gleich servieren und je nach Wunsch mit Pflanzendrink, Bananenscheiben, Apfelstückchen oder Beeren verfeinern.

Kichererbsen-Omelett

3 OMELETTS
(DURCHMESSER ETWA 15 CM)

ZUTATEN

180 g Kichererbsenmehl
½ TL Zwiebelpulver
½ TL Knoblauchpulver
½ TL weißer Pfeffer
¼ TL schwarzer Pfeffer
5 EL Würzhefeflocken
½ TL Backsoda
250 ml Wasser
3 Frühlingszwiebeln, gehackt
1 Rezept »Sautierte Pilze« (siehe Seite 26, optional)

Als ich meiner Mom zum ersten Mal diese Omeletts zubereitete, war sie sehr skeptisch. Sie mag nichts, was auch nur im Entferntesten an Eier erinnert (auch wenn weit und breit kein echtes Ei zu sehen ist). Doch nachdem sie drei dieser »Omeletts« gegessen hatte, sagte sie mir, sie fände sie ganz wunderbar. Besonders von der dezent pfeffrigen Note war sie sehr angetan.

ZUBEREITUNG

1 In einer kleinen Schüssel Kichererbsenmehl, Zwiebelpulver, Knoblauchpulver, weißen und schwarzen Pfeffer, Würzhefeflocken und Backsoda vermischen. Wasser zugeben und zu einem glatten Teig verrühren. In einer Bratpfanne bei mittlerer Hitze wie dicke Pfannkuchen von etwa 15 cm Durchmesser ausbacken. Während die Unterseite fest wird, Frühlingszwiebeln und sautierte Pilze auflegen. Sind sie schön gebräunt, die Pfannkuchen umdrehen und die andere Seite einige Minuten bräunen lassen.

2 Mit Tomaten, Spinat, Salsa, scharfer Chilisoße oder anderen herzgesund-pflanzlichen Toppings servieren.

Köstliche Ebelskiver-Pfannkuchen

Ebelskiver (in Norddeutschland auch »Pförtchen« genannt) sind traditionelle dänische Pfannkuchen – eine Art Kreuzung zwischen amerikanischem Pfannkuchen und deutschem Krapfen. Das Original wird in einer speziellen Pfanne mit kugelrunden Vertiefungen auf dem Herd in Fett ausgebacken. Sobald die Außenseite schön gebräunt ist, werden sie gewendet. Idealerweise entsteht dabei eine Kugelform.
Als ich einer Vertreterin bei der Zubereitung in einem Küchenfachgeschäft zusah, wirkten diese Pförtchen so appetitlich auf mich, dass ich sofort Lust bekam, sie nachzubacken. Nur die Butter und die vielen Eier im Teig behagten mir nicht. Trotzdem kaufte ich mir eine Ebelskiver-Pfanne (oder »Pförtchenpfanne«), die auch für die Zubereitung von Krapfen und Poffertjes sehr gut geeignet ist. Als ich damit zu Hause zu experimentieren begann, rechnete ich damit, zuerst bloß harte, kleine Steine zu produzieren. Das Ergebnis überraschte mich angenehm: Meine kleinen Evelskiver-Pfannkuchen sahen genauso schön aus wie die bei der Backvorführung, bloß viel gesünder! Sie finden hier je ein süßes und ein herzhaftes Rezept. Am besten holen Sie sich auch gleich so eine »Pförtchenpfanne«!

Süße Version

CA. 14 PFANNKUCHEN

ZUTATEN

150 g Gerstenmehl
½ TL Backpulver
2 EL gemahlene Leinsamen
300 ml Haferdrink
3 EL Ahornsirup
(auf Wunsch auch weniger)
½ TL gemahlener Zimt
½ TL gemahlene Vanille
Schokoladen-Balsamessig
Frische Beeren

ZUBEREITUNG

1 In einer Schüssel Mehl, Backpulver und gemahlene Leinsamen vermischen. Haferdrink, Ahornsirup, Zimt und Vanille unterziehen.

2 Pfanne auf mittlerer Stufe erhitzen und in jede halbkugelförmige Aushöhlung 1 EL Teig geben. Sobald die Pförtchen schön gebräunt sind (nach etwa 5 Minuten), mit einer Holzgabel vorsichtig umdrehen und auf der anderen Seite 3-5 Minuten weiter bräunen. Mit frischen Beeren servieren und zu jedem Biss 1-2 Beeren sowie etwas Schokoladen-Balsamessig genießen.

Herzhafte Version

ZUTATEN

100 g roher Grünkohl, Mangold oder ein anderes grünes Blattgemüse, sehr fein gehackt
1 EL Balsamessig
120 g Gerstenmehl oder anderes Vollkornmehl
½ TL Backpulver
2 EL gemahlene Leinsamen
250 ml ungesüßter Mandel- oder Haferdrink
200 g gekochte Maiskörner
1 Jalapeño, fein gewürfelt, ohne Samen
4 Frühlingszwiebeln, gehackt
4 EL Salsa (optional)

ZUBEREITUNG

1 Grünkohl oder Mangold in wenig Wasser zugedeckt 4-5 Minuten weich kochen, in ein Sieb abgießen, gut ausdrücken und mit 1 EL Balsamessig mischen. (Sind noch große Stücke dabei, mit einer Küchenschere klein schneiden.) In einer Schüssel Mehl, Backpulver und gemahlene Leinsamen vermischen. Mandeldrink, Maiskörner, Jalapeños und Frühlingszwiebeln unterziehen.

2 Pförtchenpfanne auf mittlerer Stufe erhitzen und in jede Aushöhlung je 1 EL Teig geben. Je eine Schicht Grünkohl oder Mangold darüberlegen und mit 1 weiteren EL Teig bedecken. Sobald die Pförtchen schön gebräunt sind (nach etwa 5 Minuten), mit einer Holzgabel vorsichtig umdrehen und auf der anderen Seite 3-5 Minuten weiter bräunen.

3 Vor jedem Biss in ein wenig Salsa tunken! So lecker!

Frühstückspuffer

6-8 PORTIONEN

ZUTATEN

1 große Zwiebel, gewürfelt
1 rote Paprika, gewürfelt
1 grüne Paprika, gewürfelt
2 große, festkochende Kartoffeln, gekocht, abgekühlt und in etwa 1 cm große Würfel geschnitten
450 g schwarze Bohnen aus der Dose, entspricht 320 g abgetropft
½ TL Knoblauchpulver
¼ TL Pfeffer
verschiedene frische Salsas: »Mango Limetten-Salsa« (Seite 110), »Pico de Gallo« (Seite 112) oder eine andere Salsa Ihrer Wahl

Wir servieren diese Puffer bei allen unseren Seminaren zum Frühstück, weil es uns Gelegenheit gibt, den reizvollen Geschmack und die sättigende Kraft frischer Salsas zu demonstrieren.

ZUBEREITUNG

1 Bratpfanne auf höchster Stufe erhitzen, Zwiebel hineingeben und unter ständigem Rühren glasig und leicht braun werden lassen. Wird die Pfanne zu trocken, einige Tropfen Wasser zugeben.

2 Auf mittlere Hitze herunterschalten, die Paprika- und Kartoffelwürfel einrühren und weiter braten, bis alles gar ist.

3 Schwarze Bohnen einrühren.

4 Mit Knoblauchpulver und Pfeffer abschmecken.

5 Noch warm und mit einer großen Auswahl frischer Salsas, scharfer Soßen, Ketchup und »Enchilada-Soße« (Seite 105) servieren.

Haferwaffeln

2 WAFFELN

ZUTATEN

1 sehr reife, mittlere bis kleine Banane
100 g grobe Haferflocken
125 ml Wasser oder Pflanzendrink
2 EL Chia- oder gemahlene Leinsamen
1 TL Vanilleextrakt
Zesten einer halben Orange, auf Wunsch auch mehr

Ein hilfreicher Tipp:

Ein Antihaft-Waffeleisen und ein hölzernes Essstäbchen sind die Schlüssel zum Erfolg!

Drei Dinge möchte ich jeden Tag zum Frühstück essen: Hafer, Chia- oder Leinsamen und eine Banane – und genau diese drei Dinge vereinen diese Waffeln in sich! Seitdem ich eines Tages einfach meinen Frühstücks-Haferbrei in ein Waffeleisen gegossen habe, sind bei mir schon viele Waffelvariationen entstanden. Stecken Sie in jede Vertiefung der Waffel eine Beere, bestreichen Sie sie mit Apfelmus, »Himbeer-Soße« (Seite 104) oder ein wenig Ahornsirup. Oder essen Sie sie einfach so.

ZUBEREITUNG

1 Waffeleisen anheizen.

2 Banane im Mixer glatt pürieren.

3 Haferflocken, Wasser, Leinsamen, Vanilleextrakt und Orangenzesten zugeben und weiter mixen, bis alles gut vermischt, aber nicht püriert ist. (Die Haferflocken sollten noch als solche zu erkennen sein.)

4 Jedes Waffeleisen ist ein wenig anders, folgen Sie deshalb den Anweisungen Ihres Herstellers. 5 EL Teig pro Waffel müssten jedoch ein guter Anhaltspunkt sein.

5 Teig für jeweils eine Waffel einfüllen, Waffeleisen schließen und abwarten, bis das Ende des Backvorgangs angezeigt wird. Lässt sich das Eisen nur schwer öffnen, noch ein wenig weiter backen. Klebt die Waffel fest, mit einem hölzernen Essstäbchen nachhelfen. Auch wenn sie vielleicht einmal nicht ganz heil aus dem Waffeleisen kommen, schmecken die Waffeln einfach köstlich.

Champion-Frühstück

2 PORTIONEN

ZUTATEN

60 g Haferschrot
8 EL frische, klein geschnittene oder 4 EL getrocknete Shiitakepilze
375 ml Wasser
3 EL Würzhefeflocken
¼ TL Kurkuma
200 g Tomaten, geschält und gewürfelt
½ TL Knoblauchpulver
½ TL Zwiebelpulver
1 große Handvoll Spinat
Schwarzer Pfeffer nach Geschmack
scharfe Soße nach Geschmack (optional)

Variation

Sie können das Gericht auch mit Grünkohl oder Mangold zubereiten, beide müssten dann bloß ein wenig länger kochen. Sie können sie entweder im Voraus kochen und zum Schluss einrühren oder nach 5 Minuten Kochzeit zugeben und im Topf mit den anderen Zutaten garen.

Ich mag ja eigentlich keinen Haferbrei, aber dieser hier ist irgendwie anderes! Inspiriert wurde er von einem Post auf Debbie Kastners Blog »Healthy Happy Librarian«, in dem sie ihr herzhaftes Haferfrühstück vorstellte. Sie nannte es den »mega-antioxidativen Kraftschub für Champions«. Ich wette, Sie werden ihr zustimmen. Wenn Ihnen der Brei nach 10 Minuten Kochzeit noch zu dünn erscheint, ist er später mit Gemüsefüllung gerade richtig. Das einzige Problem ist, dass es so schwerfällt, nur eine Portion zu essen! Übrigens lassen sich außer dem Frühstück auch alle anderen Mahlzeiten damit bestreiten. Jane zum Beispiel isst ihn gern zum Abend.

ZUBEREITUNG

1 Haferschrot, Pilze, Wasser, Würzhefeflocken, Kurkuma, Tomaten, Knoblauchpulver und Zwiebelpulver in einem Kochtopf vermischen.

2 Unter häufigem Rühren zum Kochen bringen, sofort herunterstellen und 10 Minuten leise köcheln lassen, bis das Wasser aufgesogen und der Hafer weich und cremig ist.

3 Spinat und schwarzen Pfeffer unterrühren und mit einem Schuss Sriracha-, Cholula- oder einer anderen scharfen Soße servieren. Mmh, so richtig gut!

MITTAGESSEN

ZUM MITTAG ESSEN WIR AM LIEBSTEN SUPPE und dazu mit Gemüse belegte Brote. Zu den Favoriten zählt auf jeden Fall unser »Gurken-Grünkohlbrot«, das sich bei allen größter Beliebtheit erfreut. Gleich danach kommt das »Tomaten-Basilikum-Brot«, das wir vom Beginn der Tomatensaison mit den ersten aromatischen Sommertomaten bis zum ersten Frost so gut wie JEDEN Tag zubereiten. Warm und herzhaft sind mit Gemüse gefüllte Paninis, ein weiterer Hit, dicht gefolgt von den mit Hummus und Gemüse gefüllten und im Ofen knusprig gebackenen Wraps. Im Grunde schmeckt jedes aus gutem Vollkorngetreide hergestellte Brot mit jeder Menge Hummus und viel Gemüse einfach köstlich!

Die Zubereitung der Sandwiches macht so viel Spaß und es gibt so viele leckere Möglichkeiten, dass sich ständig neue, kreative Sandwichkombinationen zaubern lassen. Die Vorbereitung des MIttagessens wird so zur reinsten »Hexenküche«!

Die Zunge mag neben Saurem, Salzigem und Süßem auch gern etwas Scharfes. Beziehen Sie deshalb auch immer wieder einmal frische Salsas in Ihr Mittagessen ein.

Gurken-Grünkohl-Brot

2 PORTIONEN

Senf und Grünkohl harmonieren bestens, vor allem, wenn Sie einen guten, süßlich-scharfen Senf auswählen.

ZUTATEN

2 Scheiben Vollkornbrot, getoastet
2-3 EL »Selbst gemachtes Hummus« (siehe Seite 94) oder fertiges, tahini- und ölfreies Hummus
1 Frühlingszwiebel, gehackt
2-3 EL frischer Koriander, gehackt
½ kleine Bio-Gurke
2 mittelgroße Grünkohlblätter ohne Stängel, in kleine, mundgerechte Stücke (etwa von der Größe des Korianders) geschnitten
Senf der eigenen Wahl
Zitronenpfeffer

ZUBEREITUNG

1 Getoastetes Brot großzügig mit Hummus bestreichen.

2 Mit Frühlingszwiebeln, Koriander und Kohl bestreuen.

3 Gurke ungeschält in 8 dicke Scheiben schneiden und jede Scheibe auf einer Seite dünn mit Senf bestreichen.

4 Gurkenscheiben mit der bestrichenen Seite nach unten auf die Sandwiches legen und gut festdrücken, damit sie nicht herunterfallen.

5 Zuletzt das Ganze großzügig mit Zitronenpfeffer bestreuen, auf Wunsch in Hälften oder Viertel schneiden und servieren.

Tomaten-Basilikum-Brot

2 PORTIONEN

ZUTATEN

4 Scheiben Vollkornbrot
4-6 EL »Selbst gemachtes Hummus« (siehe Seite 94) oder fertiges, tahini- und ölfreies Hummus
2 Frühlingszwiebeln, gehackt
2 mittelgroße Grünkohlblätter ohne Stängel, auf Größe der Frühlingszwiebelstücke klein gehackt
8 Blätter Basilikum, gehackt
1 große Fleischtomate, in vier dicke Scheiben geschnitten
3-4 EL Balsamessig

Dieses Brot schmeckt uns so gut, dass wir es von dem Tag, an dem in unserem Garten die ersten Fleischtomaten reifen, bis zum ersten Frost TÄGLICH essen. Unsere Lieblingssorte heißt Brandywine, aber jede andere große Fleischtomate ist ebenso gut geeignet. Verwenden Sie ein grobes, dunkles Roggenbrot oder ein anderes Vollkornbrot Ihrer Wahl.

ZUBEREITUNG

1 Getoastetes Brot mit reichlich Hummus bestreichen und mit Frühlingszwiebeln, Grünkohl und Basilikum bestreuen.

2 Tomatenscheiben darauf verteilen. Balsamessig darüberträufeln und mit einem Messer oder dem Finger verreiben.

3 Das Brot schmeckt göttlich – jeden Bissen genießen!

Kohl-Bruschetta

8-10 BRUSCHETTE (ABHÄNGIG VON DER GRÖSSE DES GEWÄHLTEN BROTES)

ZUTATEN

½ Menge »Gekochter Grünkohl« (Seite 21)
1 Laib frisches Vollkornbrot, in Scheiben (am besten ein rustikales Bauernbrot aus einer lokalen Biobäckerei)
8 EL »Cannellini-Bohnen-Soße« (Seite 99)
200 g Cherrytomaten, halbiert
Balsamico-Creme

Eine unserer beliebtesten Vorspeisen, die auch bei unseren Gästen stets größten Anklang findet. Auf unseren Festbüfetts gehen die Bruschette immer als Erstes weg. Wenn man es nicht ausdrücklich sagt, ahnt niemand, dass sie rein pflanzlich sind – nur, dass sie superlecker sind, weiß jeder sofort. Hier eine verbesserte, nussfreie Variante meiner Kohl-Bruschetta.

ZUBEREITUNG

1 Grünkohl wie beschrieben garen (siehe Seite 21) und anschließend ganz besonders sorgfältig ausdrücken. (Wir wollen ja nicht, dass das Brot durchweicht …)

2 Gewünschte Anzahl von Brotscheiben toasten und auf einer schönen Platte arrangieren.

3 Cannellini-Bohnen-Soße auf den getoasteten Brotscheiben verteilen.

4 Eine Schicht Grünkohl auflegen und mit Tomatenhälften garnieren.

5 Großzügig mit Balsamico-Creme beträufeln und schnell eine Scheibe sichern, ehe alle anderen zugreifen.

Ultimatives Zitronen-Kohl-Sandwich

2 PORTIONEN

Als wir einmal bei unserer Heimkehr von einer Reise nach frischem Gemüse lechzten, fanden wir im Kühlschrank nur noch Grünkohl vor. Ein Glücksfall, wie sich herausstellen sollte! Dieses Brot ist ebenso köstlich wie gesund. Den Kohl können Sie durch jedes andere grüne Blattgemüse, zum Beispiel durch Mangold oder Spinat, ersetzen. Die Zitrone peppt das Ganze auf. Legen Sie die Scheibchen großzügig auf.

ZUTATEN

4 Scheiben Vollkornbrot, getoastet
½ Menge »Gekochter Grünkohl« (siehe Seite 21) oder ein anderes grünes Blattgemüse nach Ihrer Wahl
4-6 EL »Selbst gemachtes Hummus« (siehe Seite 94) oder fertiges, tahini- und ölfreies Hummus
4 Frühlingszwiebeln, gehackt
½ Bund Koriander oder Petersilie, gehackt
Zitronenzesten
2 Bio-Zitronen (eine in dünnen Scheiben und eine für den Saft)
1 große Fleischtomate, in vier dicke Scheiben geschnitten
Zitronenpfeffer

ZUBEREITUNG

1 Brot gründlich toasten (eventuell mehrmals, damit es schön fest wird und nicht so viel Flüssigkeit aufsaugt).

2 Grünkohl nach der Anleitung auf Seite 21 kochen, gut abtropfen lassen und im Seiher noch einmal gründlich ausdrücken, damit das Brot nicht durchweicht.

3 Toastscheiben dick mit Hummus bestreichen. Frühlingszwiebeln und Koriander darüberstreuen.

4 Eine Zitrone mit einem scharfen Messer teilen und aus der Mitte 8 sehr dünne Scheibchen abschneiden. (Auf die Weise gibt es pro Biss weniger Schale und Kerne. Anschließend die Scheibchen in Viertel schneiden, damit beim Hineinbeißen keine ganzen Scheiben vom Brot rutschen.) Zitronenscheiben auf den Broten verteilen. Grünkohl noch im Seiher mit Zitronenzesten bestreuen und mit Zitronensaft beträufeln – je zitroniger, desto besser!

5 Grünkohl auf die Brote häufeln und mit Zitronenpfeffer bestreuen.

6 Je eine Tomatenscheibe auflegen und noch einmal mit Zitronenpfeffer würzen.

7 Auch wenn dieses Brot vielleicht nicht ganz so einfach zu essen ist – mit jedem Bissen genießen Sie Gesundheit pur!

Kohl-Sauerkraut-Sandwich

2 PORTIONEN

ZUTATEN

4 Scheiben Vollkornbrot
4 EL »Selbst gemachtes Hummus« (siehe Seite 94) oder fertiges, tahini- und ölfreies Hummus
3-4 EL Meerrettichsenf (oder ein anderer Senf Ihrer Wahl)
½ Menge »Gekochter Grünkohl« (siehe Seite 21) oder ein anderes grünes Blattgemüse, gekocht und abgetropft
100 g Sauerkraut, abgespült, abgetropft und ausgedrückt
8 Kirschtomaten, halbiert oder 1 kleine Tomate in Scheiben geschnitten

Große Sauerkrautfans waren wir eigentlich nie – bis wir dieses Sandwich entdeckten, das uns eines Besseren belehrte. Eine Freundin hatte mir von der ungewöhnlichen Kombination vorgeschwärmt, da musste ich sie auch einmal probieren. Zum Glück hatten wir vom letzten Besuch unseres Sohnes Zeb, der es sehr gerne isst, noch ein Glas Sauerkraut im Kühlschrank stehen. Mit unserem Hummus und pikantem Meerrettichsenf schmeckt dieses Sandwich wirklich lecker. Sauerkraut ist oft recht salzig. Halten Sie nach einem natriumarmen Sauerkraut Ausschau oder spülen Sie Ihr Sauerkraut in einem Sieb mit klarem Wasser ab und drücken Sie es hinterher gründlich aus.

ZUBEREITUNG

1 Jeweils 2 Brotscheiben nebeneinander auslegen. Eine Scheibe mit Hummus und die andere mit Senf bestreichen.

2 Grünkohl kochen, wie auf Seite 21 beschrieben. Grünkohl und Sauerkraut noch einmal gründlich ausdrücken, damit das Brot nicht durchweicht. Erst den Grünkohl auf dem mit Hummus bestrichenen Brot, dann das Sauerkraut auf dem mit Senf bestrichenen Brot verteilen. Tomaten auf dem Sauerkraut verteilen. Die belegten Brote zusammenklappen und das Sandwich in einen Kontaktgrill legen, bis es gut durchgewärmt ist. Diagonal durchschneiden und servieren. Die Kombination wird Sie angenehm überraschen!

Hochhaus-Sandwich

4 SANDWICHES

ZUTATEN

8 Scheiben Vollkornbrot
250 g »Selbst gemachtes Hummus« (Seite 94) oder fertiges, tahini- und ölfreies Hummus
8 grüne Salat- oder Spinatblätter, auf Wunsch auch mehr
1 Gurke, in Scheiben
»Sautierte Pilze« (siehe Seite 26; am besten Variation 2)
»Geröstete rote Paprika« (Seite 22)
4 Scheiben »Gegrillte Ananas« (Seite 26)
»Karamellisierte Zwiebel« (Seite 25)
2 große Tomaten, in Scheiben
12 Scheiben Gewürzgurke (optional)

Eine Freundin rief mich neulich an und sagte, es sei für sie überhaupt kein Problem, auf eine rein pflanzliche Kost umzusteigen, solange sie auch weiterhin das superleckere Sandwich essen könne, das es jeden Tag bei ihr gebe. Ich fragte sie, was auf diesem superleckeren Sandwich denn so alles drauf sei. Der Belag, von dem sie mir dann erzählte, war so umfangreich, dass wir es »Hochhaus-Sandwich« nannten.

ZUBEREITUNG

1 Je 2 Brotscheiben nebeneinander auslegen und mit Hummus bestreichen.

2 Je ein Salatblatt auflegen.

3 Gurkenscheiben darüberlegen.

4 Sautierte Pilze und geröstete rote Paprika darauf verteilen.

5 Je eine Scheibe Ananas und einige karamellisierte Zwiebeln darauf geben.

6 Zuletzt mit einer Tomatenscheibe und der Hälfte der Gewürzgurkenscheiben belegen.

7 Mit Hummus bestrichene Brotscheiben darüberklappen.

8 Einen langen Zahnstocher (oder, falls der nicht reicht, einen Grillspieß) durch das Sandwich stechen, um ihm Halt zu geben.

Hotdog Karotte

2 HOTDOGS

ZUTATEN

2 lange, gerade Karotten (Länge und Größe wie bei einem Hotdog-Würstchen – aufpassen, dass sie nicht zu lang oder zu dick sind)
1 TL flüssiges Raucharoma, auf Wunsch auch mehr
2 Vollkornbrötchen oder 2 Scheiben Vollkornbrot

Zusätzlicher Belag

- *Spinat – frisch oder gekocht und gut abgetropft*
- *Ketchup*
- *Senf*
- *Sauerkraut*
- *Karamellisierte Zwiebel* *(Seite 25)*

Vegane Würstchen, mit denen man Hotdogs machen kann, enthalten oft viel Fett, vor allem wenn sie zum Grillen gedacht sind. Unsere Alternative mag Sie überraschen: Hotdogs mit Karotten statt Würstchen. Sie können sie in einem Kontaktgrill – oder bei der nächsten Sommerparty auch auf einem normalen Grillrost – zubereiten.

ZUBEREITUNG

1 Karotten in kochendem Wasser 10-15 Minuten garen, bis sie weich, aber nicht zu weich sind. (Bissfestigkeit am besten mit einer Gabel oder einem Messer prüfen.)

2 Karotten abgießen, der Länge nach durchschneiden und rundum mit einem Messer oder einem Finger mit flüssigem Raucharoma bestreichen. Auf einen Kontaktgrill legen und einige Minuten grillen, bis sie leicht gebräunt sind. Brötchen oder Brotscheiben ebenfalls ein wenig bräunen.

3 Karotte und zusätzlichen Belag nach Wahl in das aufgeschnittene Brötchen oder in die Mitte der Brotscheibe legen, zuklappen und am offenen Rand mit jeweils einer Linie Ketchup und Senf bestreichen.

4 Schmecken sie nicht herrlich? Die gesündesten Hotdogs der Welt!

Salat-Wraps mit cremig mariniertem Gemüse

12 WRAPS

ZUTATEN

2 große Karotten, in dünne Scheiben oder Stifte geschnitten
1 rote Paprika, fein gewürfelt
½ Bio-Gurke, geviertelt, Samen entfernt und gehackt (Schälen nicht notwendig)
4 Frühlingszwiebeln, gehackt
½ Bund Koriander, gehackt
1 kleiner Jalapeño-Chili, gehackt (fangen Sie mit einem halben an – nur Mut!)
1 Knoblauchzehe, gehackt
4 EL Balsamessig oder Essig nach Wahl
250 g »Selbst gemachtes Hummus« (siehe Seite 94) oder fertiges, tahini- und ölfreies Hummus
1-2 Köpfe Salat (benötigt werden 12 große Blätter)

Tipp

Verwenden Sie diese Füllung für Sandwiches, die Sie mit reichlich Hummus bestreichen, mit Spinatblättern belegen und zuletzt mit der aromatischen Gemüsemischung füllen.

Die Füllung dieser glorreichen Salat-Wraps ist eine wunderbare Kombination unterschiedlichster Aromen. Zögern Sie nicht, Jalapeño und Knoblauch einzusetzen. Beide schmecken nicht allzu stark hervor, sondern fügen sich harmonisch in das Gesamtaroma ein. Nehmen Sie einen hellen Balsamessig, wenn Sie nicht möchten, dass sich die Füllung dunkel verfärbt. Die Füllung schmeckt ebenso köstlich in Salat-Wraps, Pitas oder Sandwiches. (Kennerinnen und Kenner löffeln sie auch gern direkt aus der Schüssel ...)

ZUBEREITUNG

In einer Schüssel Karotten, Paprika, Gurke, Frühlingszwiebeln, Koriander, Jalapeño und Knoblauch vermengen. Essig zugeben, dann das Hummus unterrühren und die Mischung in den Kühlschrank stellen. Um die Wraps herzustellen, die Salatblätter ausbreiten, in der Mitte jeweils mit etwa 4 EL Füllung belegen und die gefüllten Blätter auf einer Platte arrangieren. Zum Essen jeweils die Seiten eines Blattes über der Füllung zu einem kleinen Wrap zusammenschlagen.

Blattkohl-Sushi

20-25 SUSHI

ZUTATEN

1 Bund Blattkohl
250 g »Selbst gemachtes Hummus« oder fertiges, tahini- und ölfreies Hummus
2 Frühlingszwiebeln, fein gehackt
½ Bund Koriander, fein gehackt
50 g Karotten, fein geraspelt
¼ rote Paprika, in sehr dünne Streifen geschnitten
¼ kleine Gurke, geschält oder ungeschält, in dünne Streifen geschnitten
½ Mango, geschält und in dünne Streifen geschnitten
Saft und Zesten von 2 Zitronen

Die leckeren Röllchen sind ein hübscher Hingucker, zudem macht ihre Zubereitung so richtig Spaß. Ersetzen Sie die vorgeschlagenen Gemüse für die Füllung je nach Vorliebe und Vorratslage durch Spargel oder grüne Bohnen, Karotten, Pak Choi oder ein gekochtes Blattgemüse – in diese Röllchen passt wirklich alles. Machen Sie eine perfekte Sushi-Vorspeise daraus oder essen Sie sie statt Sandwiches zu Mittag.

ZUBEREITUNG

1 Einen großen Topf etwa 5 cm hoch mit Wasser füllen und dieses zum Kochen bringen. Die vier schönsten und größten Kohlblätter auswählen, die dicken Stiele am unteren Blattrand abschneiden und die Blätter übereinander ins kochende Wasser legen. Zugedeckt etwa 30 Sekunden kochen lassen. Die Kohlblätter sind ziemlich stabil und fallen beim Kochen nicht gleich in sich zusammen. Dass sie gleichzeitig sehr biegsam sind, macht sie zu perfekten Wraphüllen.

2 Die gekochten Blätter abgießen und flach so auf ein trockenes Schneidebrett legen, dass die dicke Seite der Stiele nach oben zeigt. Die Blätter müssen trocken sein. Falls sie noch feucht sind, mit Küchenkrepp trocken tupfen.

3 Auf die mittlere Stielachse der Blätter je 2 EL Hummus streichen und großzügig mit Frühlingszwiebeln, Koriander und geraspelten Karotten belegen. Paprika-, Gurken- und Mangostreifen darauf verteilen.

4 Mit Zitronenzesten bestreuen und mit reichlich Zitronensaft beträufeln. (Erst Zitrone macht die Sushis so richtig gut!) Beginnen Sie mit dem Blatt, das Ihnen am nächsten liegt, und rollen Sie es wurstförmig zusammen. Mit einem scharfen Messer in so viele kleine Stücke wie möglich schneiden. (Aus jedem Blatt sollten 6 oder mehr Sushi entstehen, was aber natürlich von der Größe der Blätter abhängig ist.)

5 Unsere Familienregel: Wer die Sushis rollt, darf die Endstücke naschen …

WRAPS!

Meine Mutter füllte früher alles (wirklich alles!), was es bei uns zum Abendessen gegeben hatte, am nächsten Morgen in ein großes Vollkorn-Pitabrot und gab es meinem Vater als Mittagsverpflegung mit zur Arbeit. Klaglos machte er sich täglich mit einem fußballgroßen Pitabrot auf den Weg in die Klinik. Die Füllung bestand manchmal aus Veggie-Lasagne und grünen Bohnen, Spaghetti und Salat, Bohnen mit Reis und Salsa oder Kartoffelpüree mit Spargel und würziger Soße. An anderen Tagen gab es dann vielleicht auch nur Brokkoliröschen mit Hummus. In diesen Pitas ließ sich wirklich alles unterbringen, was an Resten vorhanden war. Genau davon ließen wir uns auch bei den Rezepten für unsere Wraps inspirieren: In einen Wrap passt wirklich alles! Hier ein paar neue Ideen, die Ihre Fantasie beflügeln, aber keinesfalls begrenzen sollen.

Die Zubereitung besteht bei allen aus den gleichen Schritten:

1 Wrap ausbreiten.

2 Lauter gute Sachen darauf geben.

3 Wrap aufrollen.

4 Entweder gleich aufessen oder warm machen und dann servieren – oder den gefüllten Wrap im Ofen bei 220 °C 8-10 Minuten backen, bis er von außen knusprig und schön gebräunt ist.

5 Mit Genuss verzehren.

1 GEMÜSE-UND-»KÄSE«-WRAP – mit einer Schicht »Zitronen-›Käse‹-Soße« (Seite 103) bestreichen, darüber klein geschnittene Salat- und Grünkohlblätter, gewürfelte Tomaten und frische Sprossen geben und aufrollen.

2 WRAP »BERLIN« – eine Schicht Hummus aufstreichen, darüber klein geschnittene Grünkohlblätter sowie Sauerkraut und einen Spritzer Senf geben und aufrollen. Wir empfehlen, diesen Wrap aufzuwärmen.

3 WRAP »MATTHEW« – je eine Schicht Naturreis, »Matts Sofritos« (Seite 196) und frischen Spinat auf den Wrap geben, aufrollen und mit einer Salsa Ihrer Wahl servieren. Wir mögen ihn besonders gern mit »Cranberry-Salsa aus Down Under« (Seite 113) oder »Mango-Limetten-Salsa« (Seite 110).

4 »DER SCHARFE« – eine Schicht »Chili Rellenos« (Seite 201) mit scharfer Soße bedecken und aufrollen, im Ofen backen und mit »Pico de Gallo« (Seite 112) sowie »Mango-Limetten-Salsa« (Seite 110) servieren.

5 JANES BLITZ-WRAP – eine Schicht Hummus mit rohem oder gekochtem Gemüse belegen und aufrollen.

6 ZWIEBEL-WRAP – eine Schicht Hummus mit »Karamellisierten Zwiebeln« (Seite 25), »Gerösteter roter Paprika« (Seite 22), klein geschnittenem Kopfsalat sowie Tomatenwürfeln belegen und aufrollen. Lecker, lecker!

7 DAL-WRAP – eine Schicht »Dal Singapur« (Seite 200), darüber Pak Choi, Salatblätter und gehackte Frühlingszwiebeln geben und aufrollen.

8 NOTFALL-WRAP – eine Schicht Senf aufstreichen, darüber rohes und/oder gekochtes Gemüse wie Gurken, Tomaten, Frühlingszwiebeln, Stangensellerie und Rote Bete geben und aufrollen.

9 REGENBOGEN-WRAP – eine Schicht Hummus mit klein gewürfelter Roter Bete, gekochtem Blumenkohl, gekochtem Brokkoli, Karotten, roter Paprika und Heidelbeeren (richtig gelesen!) belegen und aufrollen.

10 WRAP »PARALLELE WELTEN« – je eine Schicht Hummus und gedämpftes Blattgemüse auftragen, diese Reihenfolge dreimal wiederholen und aufrollen. Backen oder gleich aufessen – Sie haben die Wahl.

11 ITALIENISCHER WRAP – Lasagne, Spaghetti oder andere Pastareste vom Vortag mit »Besto Pesto« (Seite 118) auf den Wrap geben und aufrollen – schon ist das Mittagessen fertig. Warm oder kalt? Das ist Ihre Entscheidung!

12 TEXMEX-WRAP – einen oder zwei EL vegane, fettfreie Bohnenpaste mit Naturreis und schwarzen Bohnen vermischen und aufstreichen, Paprikawürfel, Mais und Schalotten darüberstreuen und aufrollen. Vor dem Servieren im Ofen aufwärmen und mit »Mango-Limetten-Salsa« (Seite 110), »Pico de Gallo« (Seite 112) oder »Granatapfel-Salsa« (Seite 116) servieren.

13 ASIATISCHER WRAP – »Sobanudeln Pazifik« (Seite 177) auflegen, eine Schicht »Leichter Asia-Salat« (Seite 155) darauf verteilen und aufrollen.

14 BARBECUE-WRAP – je eine Schicht »Hummus mit karamellisierten Zwiebeln« (Seite 25), Naturreis, »Sautierte Pilze« mit Barbecuesoße (Seite 26, Variation 2) und gedämpften Grünkohl auflegen und aufrollen. Einfach toll!

Reismehl-Wraps mit jungem Spinat und Pilzen

2 PORTIONEN

ZUTATEN

2 Wraps aus Vollkornreismehl (oder andere Wraps Ihrer Wahl)
250-300 g Champignons oder 1 großer Portobellopilz, in Scheiben
2 EL Balsamessig
4 EL »Selbst gemachtes Hummus« (Seite 94) oder fertiges tahini- und ölfreies Hummus (bei Bedarf auch mehr)
2 Frühlingszwiebeln, gehackt
½ Bund Koriander (oder Petersilie, Basilikum oder Minze), gehackt
2 große Handvoll junger Spinat oder ein anderes grünes Blattgemüse (Grünkohl, Mangold etc., gekocht und gut abgetropft)

Wraps, die wie Brot schmecken, mochte ich noch nie. Zum Glück gibt es aber auch Wraps aus Reis- und/oder Maismehl, die außerdem für alle glutenunverträglichen Menschen von Interesse sind. Wichtig ist, die Wraps vorher aufzuwärmen, weil sie sonst beim Wickeln auseinanderbrechen oder -bröseln. Gern können Sie auch hier die vorgeschlagenen Gemüsesorten jederzeit durch Ihre persönlichen Favoriten ersetzen.

ZUBEREITUNG

1 Ofen auf 220 °C vorheizen.

2 Ein Backblech mit Backpapier auslegen.

3 Eine große Pfanne auf mittlerer Stufe erhitzen, Pilzscheiben flach auf den Pfannenboden legen und ohne zu wenden 5 Minuten braten. Pilze mit etwa 1 EL Balsamessig beträufeln, umdrehen und kurz weiterbraten, bis sie braun sind und die Flüssigkeit größtenteils verdampft ist.

4 In einer kleinen Pfanne bei mittlerer Hitze die Reis-Wraps etwa 30 Sekunden lang pro Seite aufwärmen. (Besonders bei Reis-Wraps ist dies wichtig, da sie erst dadurch biegsam und »rollbar« werden.) Die aufgewärmten Wraps mit Hummus bestreichen und mit Frühlingszwiebeln, Koriander, Pilzen und Spinat belegen. Zuletzt die Füllung mit 1-2 TL Balsamessig beträufeln. Nun das Ganze vorsichtig zu wurstförmigen Wraps zusammenrollen. Beim Rollen beide Hände einsetzen und die Füllung sanft nach innen drücken.

5 Mit einem sehr scharfen Messer die Wraps diagonal in je zwei Hälften schneiden.

6 Behutsam auf das mit Backpapier ausgelegte Backblech legen und 10 Minuten backen, bis die Wraps braun und knusprig sind. Sie mögen nicht ganz leicht zu essen sein, schmecken aber äußerst lecker.

Thailändische Reispapier-Sommerrollen

12 ROLLEN

ZUTATEN

12 frische Minzblätter
12 frische Basilikumblätter
Bio-Reisnudeln, nach den Angaben auf der Packung zubereitet
Bio-Reispapier
½ Gurke, geschält, Samen entfernt und in dünne, längliche Streifen geschnitten
½ rote Paprika, in dünne Streifen geschnitten
1-2 Karotten, in dünne Streifen geschnitten
2 Frühlingszwiebeln, in dünne Streifen geschnitten
2 Stängel Pak Choi, in dünne Streifen geschnitten
1 kleine Mango, geschält und in dünne Streifen geschnitten
2 Handvoll frischer Spinat
Leichte Pflaumensoße, natriumarme Tamari-Sojasoße oder eine andere Soße Ihrer Wahl

Wir lieben die frischen Sommerrollen, die man in Thai-Restaurants serviert bekommt. Zu unserer Freude konnten wir feststellen, dass sie überraschend leicht selbst zu machen sind. Füllen Sie sie mit allem, was Sie vorrätig haben, oder besorgen Sie Gemüsesorten, von denen Sie sich vorstellen können, dass sie gut zu den Rollen passen könnten. Wichtig ist nur, dass Sie alles in möglichst dünne Streifen schneiden. Köstlich sind die Rollen auch, wenn man sie in Pflaumensoße oder natriumarme Tamari-Sojasoße tunkt. Mein Vater füllt in seine Rollen – zum Entsetzen aller anderen Familienmitglieder! – sogar Hummus. Die Bio-Reispapierwraps bestellen wir online, Sie können sie aber auch in Asialäden oder in den Asia-Abteilungen gut sortierter Supermärkte kaufen.

ZUBEREITUNG

1 Eine flache Schale mit knapp 1 cm Wasser füllen. Daneben zwei Teller bereitstellen: einen zum Aufrollen und einen zum Servieren der appetitlichen Rollen. Vorbereitete Zutaten in unmittelbarer Nähe bereithalten. Wir tun dies am liebsten in der folgenden Reihenfolge: Minze- und Basilikumblätter, gekochte Nudeln, Gurken, rote Paprika, Karotten, Frühlingszwiebeln, Pak Choi, Mango und Spinatblätter.

2 Ein Reispapier ins Wasser legen, bis es zum Rollen biegsam genug ist (etwa 1 Minute). Vorsichtig herausnehmen und auf den leeren Teller legen. Der Teller darf dabei ruhig ein wenig feucht werden. (Das Wasser hilft dabei, dass die Wraps beim Rollen nicht am Teller festkleben. Sie reißen leicht, sind andererseits aber auch haltbarer, als man vielleicht denkt.)

3 Das ausgebreitete Reispapier wie ein Gesicht betrachten. In der Mitte, wo die Nase wäre, je ein Minze- und ein Basilikumblatt platzieren. In der gleichen vertikalen Linie dann ein wenig Nudeln, eine Linie aus Gurkenstreifen, Karotten, Frühlingszwiebeln, Pak Choi und Mangostreifen auslegen und zuletzt einige frische Spinatblätter darüber breiten. Die Füllung sollte jetzt in einem dicken Streifen ganz in der Mitte des vorgestellten Gesichts liegen, wie eine große Nase.

4 Vorsichtig eine Seite (eine Wange des Gesichts) über das Gemüse falten, so weit es geht. Dann die Unterseite (das Kinn) nach oben darüberklappen und anschließend die Oberseite (die Stirn) darüber nach unten ziehen. Schließlich die letzte Seite (die andere Wange) so weit wie möglich über das Gemüse falten und so zusammenpacken, dass die Rollen die Form einer festen Wurst bekommen.

5 Fertige Sommerrollen auf dem zweiten Teller sammeln und mit Pflaumensoße, natriumarmer Tamari-Sojasoße oder einer anderen Soße Ihrer Wahl zum Dippen servieren.

Schneller Bagel für unterwegs

1 BAGEL

Sie können die Zutaten mitnehmen und den Bagel unterwegs zusammenstellen oder ihn sich in einer Bäckerei belegen lassen.

ZUTATEN

1 Vollkornbagel
2 EL Senf
1 Tomate, in Scheiben
4 Salatblätter

ZUBEREITUNG

Bagel aufschneiden, beide Schnittflächen mit Senf bestreichen und großzügig mit Tomatenscheiben und Salatblättern belegen. Belegte Hälften einzeln verspeisen oder zum Sandwich zusammenklappen. Als schneller Imbiss vielfach bewährt!

SUPPEN

WIR LIEBEN SUPPEN – vor allem, wenn sie schön sämig sind! Mein Mann sagt: »Suppe ist am besten, wenn sie so dick ist, dass man darauf laufen kann.« (Sollten Sie unsere Vorliebe nicht teilen und eine der folgenden Suppen zu sämig finden, verdünnen Sie sie gerne jederzeit mit Wasser oder Gemüsebrühe.)

Suppen mit reichlich »Grünzeug« sind für uns ein fester Bestandteil eines jeden Mittagessens. Mit Brot und einem großen Salat schmecken sie auch am Abend hervorragend. Wenn Sie einen großen Topf Suppe kochen, können Sie bei jedem Aufwärmen eine weitere Extraportion Gemüse hineingeben. (Es schwindet schnell dahin.) Bei einer heißen Suppe geht das ganz einfach mit Spinat, von dem Sie ein paar junge Blätter vor dem Auffüllen in die Suppenteller geben können. In dem heißen Wasser werden sie sofort weich. Alternativ können Sie gehackten Mangold oder Pak Choi in die köchelnde Suppe geben und einige Minuten mit garen lassen. Grün- und Blattkohl müssen mindestens 5-10 Minuten mitkochen, ehe sie genießbar sind.

Schwelgen Sie in der großen Auswahl unseres Suppenkapitels und denken Sie daran, in jede Suppe grundsätzlich etwas Grünes zu mischen.

Rote Linsensuppe mit Minze und Dill

10 PORTIONEN

Diese Suppe beruht auf einem Rezept von Kate Sherwood im Nutrition Action Newsletter. Linsen, Tomaten und grünes Blattgemüse mit Minze und Dill sorgen für ein volles, harmonisches Aroma. Mit frischen Kräutern schmeckt die Suppe natürlich am besten. Die Spinatmenge mag Ihnen auf den ersten Blick sehr groß erscheinen, die Blätter kochen aber stark ein. Nur Mut!

ZUTATEN

12 Knoblauchzehen, gut gehackt
8 Frühlingszwiebeln, gehackt
500 g Tomaten, überbrüht, geschält und gewürfelt
½ Bund frische (oder 1 TL getrocknete) Minze
1 TL getrockneter Oregano
2 l Gemüsebrühe
400 g rote Linsen
1 große Yamswurzel oder Süßkartoffel, geschält und gewürfelt
250 ml Orangensaft
½ Bund Dill, fein gehackt
350 g frischer Spinat oder ein anderes grünes Gemüse Ihrer Wahl
Zesten von 1 Zitrone
3 EL Zitronensaft
1 TL Pfeffer
2 EL Balsamessig

ZUBEREITUNG

1 In einem großen Suppentopf Knoblauch und Zwiebeln in etwas Wasser, Wein oder Gemüsebrühe etwa 2 Minuten andünsten.

2 Tomaten, Minze und Oregano zugeben und unter häufigem Rühren 2 Minuten weitergaren.

3 Gemüsebrühe, Linsen, Yams oder Süßkartoffel und Orangensaft einrühren und zum Kochen bringen. Zudecken, Hitze drosseln und weiter leise köcheln lassen, bis Linsen und Yams oder Süßkartoffelstücke weich, aber noch nicht zerfallen sind (etwa 15 Minuten).

4 Mit einem Pürierstab pürieren, bis die gewünschte Konsistenz erreicht ist. (Oder eine Hälfte im Mixer pürieren und wieder zurückgeben.) Die Suppe schmeckt besonders gut, wenn sie noch ein wenig stückig ist.

5 Dill, Spinat, Zitronenzesten und -saft, Pfeffer und Essig einrühren und einige Minuten weiter garen.

Tipp

Möchten Sie anderes grünes Blattgemüse als Spinat nehmen, garen Sie es separat oder geben Sie es früher zu, damit es noch weich werden kann.

Tarzansuppe

6-8 PORTIONEN

ZUTATEN

2 l Gemüsebrühe oder Wasser
300 g halbe grüne oder gelbe Schälerbsen
1 Lorbeerblatt
½ TL Senfpulver
1 große rote Zwiebel, gehackt
1 große oder 2 mittelgroße Yamswurzeln oder Süßkartoffeln, gewürfelt
20 g frischer (oder 2 TL getrockneter) Estragon
½–1 TL Pfeffer, nach Geschmack
1-2 EL Balsamessig, nach Geschmack
2 kleine Pak Choi, gewürfelt
1 Bund Koriander oder Petersilie, gehackt

Diese Suppe ist der König im Gemüsedschungel. Sie hat ein feines Estragon-Aroma, das sehr schön zu Yams oder Süßkartoffeln passt. Sie wird in zwei Phasen gekocht, sodass die Erbsen cremig werden und die Zwiebeln trotzdem bissfest bleiben. Frischer Estragon sorgt für das einmalige Aroma. Die Suppe ist perfekt für ein großes Mittagessen oder – mit Brot und einem großen, grünen Salat – ein köstliches Abendessen. Wer sie verzehrt, fühlt sich so stark, dass er Lust hat, sich von Ast zu Ast zu schwingen – genau wie Tarzan!

ZUBEREITUNG

1 Gemüsebrühe oder Wasser, Schälerbsen, Lorbeerblatt und Senfpulver in einen Suppentopf geben. Zum Kochen bringen, Herd herunterstellen, Deckel auflegen und 40 Minuten köcheln lassen, bis die Erbsen aufbrechen. Zwiebel, Yams oder Süßkartoffeln und Estragon einrühren und die Suppe weitere 30 Minuten köcheln lassen, bis die Yams- oder Süßkartoffelwürfel und die Erbsen sämig sind. (Je nach Konsistenz der Erbsen kann dies kürzer oder länger dauern.)

2 Pfeffer, Essig und Pak Choi sowie Koriander oder Petersilie hinzufügen, umrühren und etwa 3 Minuten weiterköcheln lassen, bis der Pak Choi weich wird.

3 Einige Yams- oder Süßkartoffelwürfel mit der Gabel am Topfrand zerdrücken, damit die Suppe noch sämiger wird. Wir mögen sie am liebsten, wenn etwa die Hälfte der Süßkartoffelwürfel zerdrückt ist.

Herzgesunde Rote-Bete-Suppe

4 PORTIONEN

ZUTATEN

3 mittelgroße Rote Bete, gekocht, gedünstet oder im Ofen gegart
1 Orange, geschält
2 EL Zitronenzesten
2 EL Zitronensaft
2 EL Minzblätter, fein gehackt (oder nach Geschmack)
Pfeffer nach Geschmack
Minzblätter zum Servieren

Eine unserer kalten Lieblingssuppen für den Sommer – und ein echtes Elixier für die Blutgefäße! Endothelzellen lieben Rote Bete! Sie verleiht der Suppe eine wunderbare, tiefrote Farbe. Wenn Sie Giogga Bete (»Ringelbeete«) wählen, erhält sie ein schönes, blasses Rosa.

ZUBEREITUNG

1 Rote Bete im Mixer glatt pürieren. Orangenschnitze und Zitronensaft zugeben und kurz mit pürieren.

2 Minze und Pfeffer einrühren und beim Servieren auf jeder Portion ein Minzblatt schwimmen lassen.

Mais-Schalotten-Suppe

4 PORTIONEN

ZUTATEN

1 große Schalotte, gehackt
1 großer Stängel Staudensellerie, klein geschnitten
500 ml natriumarme Gemüsebrühe oder Weißwein
450 g Maiskörner (tiefgefroren und aufgetaut oder Körner von 5-6 frischen Maiskolben)
1 EL weißer Balsamessig, falls Sie Gemüsebrühe verwenden
½ TL grob gemahlener Pfeffer

Diese sämige Maissuppe bekamen wir das erste Mal von dem begnadeten Koch Wayne Jacob in Kendal/Oberlin serviert. Vor einem Vortrag gingen wir zum Essen zu ihm und ahnten nicht, was für ein Festmahl uns dort erwartete – angefangen mit dieser köstlichen Suppe in kleinen, schwarzen Tassen. Allein schon die kräftige Farbe der Suppe ließ unsere Herzen höher schlagen. Wayne sagte, der Grund dafür sei, dass der Mais nicht »zu Tode gekocht, sondern nur kurz erhitzt worden sei. Wenn Sie zum Verfeinern Weißwein verwenden, verhält sich dieser so farbneutral, dass der Mais richtig zum Strahlen kommt. Aber auch eine möglichst helle Gemüsebrühe kann dem strahlenden Gelb nichts anhaben. Wir nehmen lieber Brühe als Wein, wenn wir uns immer wieder einmal diese Suppe kochen.

ZUBEREITUNG

1 Schalotte, Sellerie und Brühe oder Wein in einem kleinen Topf zum Kochen bringen. Herd herunterschalten und weiter leise köcheln lassen, bis das Gemüse weich ist (etwa 10 Minuten).

2 Mais und Schalottenmischung im Mixer oder mit dem Pürierstab glatt pürieren. Gegebenenfalls Balsamessig einrühren und gerade so zum Sieden bringen. (Gut aufpassen: Die Suppe sollte nicht mehr kochen.) Mit Pfeffer abschmecken und genießen!

Georgies Suppe

6-8 PORTIONEN

ZUTATEN

1 große Gemüsezwiebel, gehackt
1 großer Porree (Weißes und möglichst viel Grünes), klein geschnitten
1 große Fenchelknolle, harter Strunk entfernt und klein geschnitten
450 g Pilze, in Scheiben
2 TL getrockneter (oder 2 EL frischer) Thymian
200 g Rote Linsen
1,5 l natriumarme Gemüsebrühe
2 mittelgroße Kartoffeln oder Süßkartoffeln, geschält und gewürfelt
200 g Karotten, geraspelt
½ TL schwarzer Pfeffer
1 Prise Cayennepfeffer
1 EL Balsamessig
1 Handvoll Korianderblätter, gehackt (oder 1 Handvoll Mangold- oder Spinatblätter, gehackt)

Die Idee zu dieser Suppe kam mir, als wir eine Woche verreist waren und unser gewohntes Essen vermissten. Mit ihr fühlten wir uns sofort wieder ganz wie zu Hause! Mit weniger Flüssigkeit gekocht, kann sie auch gut als Topping auf Reis oder Kartoffeln dienen. Es lohnt sich, sie am Vortag vorzubereiten, da sie immer besser wird, je länger sie durchziehen kann. Uns verbindet etwas ganz Besonderes mit dieser Suppe, denn gerade, als ich sie zum ersten Mal kochte, erreichte uns die aufregende Nachricht, dass Polly, die Frau unseres Sohnes Zeb, schwanger war. Unser neuntes Enkelkind war unterwegs! (Sie nannten es »Georgie« …)

ZUBEREITUNG

1 In einem Suppentopf Zwiebel, Porree und Fenchel mit ein wenig Brühe oder Wasser bei mittlerer Hitze andünsten, bis das Gemüse bräunlich wird. Genug Flüssigkeit nachgießen, damit nichts anbrennt. Dies kann 10 Minuten dauern – beharrlich weiterrühren.

2 Pilze und Thymian zugeben und weitere 5 Minuten rühren, bis die Pilze weich werden.

3 Linsen, Gemüsebrühe und Kartoffeln zugeben, zudecken und bei geringer Hitze etwa 20 Minuten köcheln lassen, bis die Linsen sich auflösen und die Kartoffeln gar sind.

4 Karotten, schwarzen Pfeffer, Cayennepfeffer, Balsamessig und Koriander zugeben und noch einige Minuten kochen lassen.

P & Js Linsensuppe

10 PORTIONEN

ZUTATEN

1 große Zwiebel (200-300 g), gehackt
1 großer Porree (240-360 g), gehackt
6 Knoblauchzehen, gehackt
4 Karotten (ungefähr 220 g), gehackt
4 Stängel Staudensellerie, gehackt
800 g Tomaten, geschält und zerdrückt
1 l Wasser oder natriumarme Gemüsebrühe
150 g Tomatenmark
1 ½ TL schwarzer Pfeffer
1 ½ TL getrockneter Thymian
½ TL Kreuzkümmel
100 g rote Linsen
1 Bund Grünkohl (etwa 250 g), die Blätter abgezogen und gehackt
4 EL Balsamessig
1 ½ EL scharfe Würzsoße

Eine sehr sämige, köstliche Suppe, die mit jedem Tag besser wird. Unsere Schwiegertochter Polly brachte uns auf die Idee und Jim Perko, Chefkoch am Cleveland Clinic Wellness Institute, verfeinerte sie auf seine Weise. Seitdem ist sie die Lieblingssuppe bei den dort monatlich stattfindenden Seminaren. Gern können Sie noch weitere Zutaten ausprobieren. Wie wäre es zum Beispiel mit in Form von Pommes Frites geschnittenen Kartoffeln oder mit Karotten und/oder Pilzen? Sie können sie getrennt kochen und erst am Ende einrühren oder ein wenig davon beim Servieren in jeden Suppenteller geben. (So machen wir es am Clinic Wellness Institute.)

ZUBEREITUNG

1 In einem großen Topf bei mittlerer Hitze Zwiebeln in wenig Wasser andünsten, bis sie glasig sind (etwa 5 Minuten). Hitze drosseln und nach Bedarf noch etwas Wasser oder Brühe nachgießen.

2 Porree zufügen und weitere 4 Minuten kochen lassen.

3 Knoblauch einrühren und einige Minuten mit garen, bis er anfängt, seinen Duft zu entfalten.

4 Karotten und Sellerie zugeben und etwa 3 Minuten kochen, bis sie weich werden.

5 Tomaten, Wasser, Tomatenpüree, schwarzen Pfeffer, Thymian und Kreuzkümmel einrühren und zum Kochen bringen.

6 Linsen zugeben, Hitze reduzieren und zugedeckt 20-30 Minuten kochen, bis die Linsen weich sind. Nach den ersten 10 Minuten Grünkohl zugeben und mitkochen lassen. Balsamessig und scharfe Soße einrühren und gut vermischen.

Zitrus-Gazpacho

4 PORTIONEN

ZUTATEN

2-3 Orangen
2 Tomaten, gehackt
1 kleine Gurke, der Länge nach geteilt, von den Samen befreit, geschält und gehackt
½ grüne Paprika, fein gehackt
1 kleine Schalotte, fein gehackt
1-2 Knoblauchzehen, fein gehackt
1 EL frisches Basilikum (oder 1 TL getrocknetes) Basilikum
250 ml Tomatensaft
1-2 EL Rotwein oder Balsamessig
⅛ TL Cayennepfeffer
⅛ TL schwarzer Pfeffer

Gazpacho mochten wir schon immer ganz besonders gern! In »Essen gegen Herzinfarkt« und »My Beef with Meat« beschrieben meine Mom und ich unsere Lieblingsrezepte. Hier eine neue Variation zu diesem Thema: »Zitrus-Gazpacho«! Einfach unschlagbar!
An einem heißen Sommertag kann nichts erfrischender sein als diese Suppe. Die Orangen geben dem Ganzen einen besonders köstlichen, originellen Geschmack. Wählen Sie möglichst einen natriumarmen Tomatensaft, dann steht dem kühlenden Sommergenuss nichts mehr im Wege.

ZUBEREITUNG

1 Orange mit einem scharfen Messer schälen und dabei Schale und Weißes entfernen. Fruchtfleischfilets herausschneiden und aus den Resten Saft auspressen. Orangenfilets in je 2-3 mundgerechte Stücke schneiden.

2 Tomaten, Gurke, Paprika, Schalotte, Knoblauch, Basilikum, Tomatensaft, Essig, Cayennepfeffer und schwarzen Pfeffer einrühren. Gut durchmischen und mindestens 2 Stunden oder, wenn möglich, auch über Nacht kühl stellen. Zum Servieren mit zusätzlichem Basilikum oder gehackten Frühlingszwiebeln garnieren.

Leichte Frühlings-Erbsensuppe

4 PORTIONEN

ZUTATEN

1 große Zwiebel, gehackt
500 g Erbsen, tiefgefroren
1 l natriumarme Gemüsebrühe
⅔ Bund Minze, gehackt
250 g Pilze, gewürfelt
1 EL Balsamessig
½ TL Schwarzer Pfeffer
3-4 Frühlingszwiebeln, gehackt

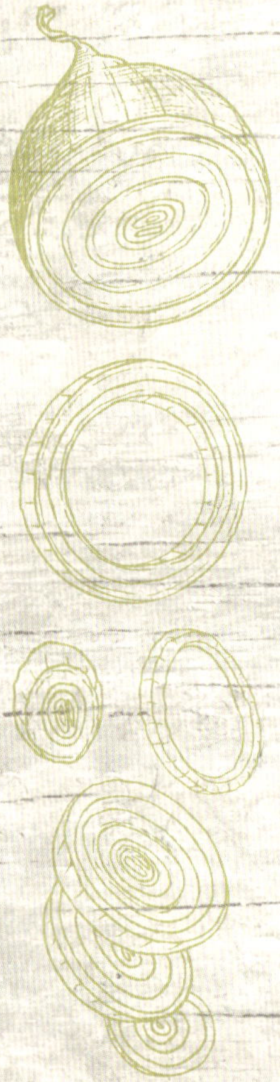

Eine wirklich ganz schnell gekochte Suppe – frühlingshaft und gut. Wenn Sie Pilze mögen, geben Sie gern noch mehr dazu. (Falls nicht, können Sie sie aber auch ganz weglassen.)

ZUBEREITUNG

1 Zwiebel in einem Suppentopf in etwas Wasser dünsten, bis sie leicht bräunlich wird. Bei Bedarf tropfenweise Wasser oder Brühe zugeben. Erbsen, Gemüsebrühe und Minze einrühren. Zum Kochen bringen, Hitze herunterstellen und alles 3-4 Minuten leise köcheln lassen.

2 In einer Pfanne oder in einem Wok Pilzwürfel auslegen und 4-5 Minuten ohne Fett anbraten. Mit Balsamessig beträufeln, umrühren und einige Minuten weiterbraten, bis sie gut gebräunt sind.

3 Erbsen mit dem Pürierstab oder einem Mixer bis zur gewünschten Konsistenz pürieren.

4 Pilze und Pfeffer einrühren, mit den Frühlingszwiebeln bestreuen und genießen.

Kichererbseneintopf »Mittlerer Osten«

8 PORTIONEN

ZUTATEN

1 mittelgroße Zwiebel, gehackt
2 EL Ingwer, gehackt
2 Knoblauchzehen
1 EL Currypulver
½ TL Kurkuma
1 TL Koriander, gemahlen
½ TL Kardamom
1 TL Zimt
½ TL Nelke, gemahlen
125 ml Orangensaft
420 g Kichererbsen aus der Dose, abgetropft und abgespült
200 g Grüne Linsen
1,5 l natriumarme Gemüsebrühe
400 g Tomaten, geschält und zerdrückt
1 große Süßkartoffel, geschält und gewürfelt
2 EL Rotweinessig
120 g Mangold
1 Prise Cayennepfeffer
1 Bund Koriander, gehackt

Martin Oswald, Besitzer und Koch im Pyramid Bistro in Aspen, ist der Rockstar der US-amerikanischen Veganküche. Wir hatten das Glück, gleich zweimal hintereinander bei ihm essen zu dürfen. Jeder Bissen war perfekt. Besonders beeindruckt waren wir von seinem Kichererbseneintopf – großzügig, wie er ist, verriet er uns das Rezept. Im Normalfall muss ich Rezepte anderer immer erst an unsere Erfordernisse anpassen, nur bei ihm war das noch nie der Fall. Als Tipp gab er mir noch mit auf den Weg, das Gemüse in seinem Rezept könne man jederzeit völlig frei durch Bohnen, Linsen oder grünes Blattgemüse der eigenen Wahl ersetzen.

ZUBEREITUNG

1 In einem großen Suppentopf bei mittlerer Hitze Zwiebeln, Ingwer und Knoblauch andünsten, bis sie weich sind (etwa 5 Minuten).

2 Curry, Kurkuma, Koriander, Kardamom, Zimt und Nelke zugeben und etwa 15 Sekunden gut durchrühren. Die Gewürze werden sich am Topfboden festsetzen. Orangensaft zugießen und mit kräftigem Druck rühren. Der Topfboden wird wieder frei und alles wird von herrlichen Aromen eingehüllt.

3 Gemüsebrühe, Kichererbsen, Linsen, Tomaten und Süßkartoffelwürfel zugeben. Zum Kochen bringen, Herd herunterschalten, Deckel auflegen und unter gelegentlichem Umrühren etwa 25 Minuten leise köcheln lassen, bis Linsen und Süßkartoffelwürfel weich sind.

4 Rotweinessig, Mangold und Cayennepfeffer hinzufügen und weitere 2 Minuten kochen lassen, bis der Mangold weich ist. Allein oder mit Naturreis oder Quinoa servieren und das Ganze mit Koriander bestreuen.

Seminarsuppe

6-8 PORTIONEN

ZUTATEN

1 große Gemüsezwiebel, gehackt
4 Knoblauchzehen, gehackt
4 Stängel Staudensellerie, gehackt
4 Karotten, gehackt
1 große Süßkartoffel, gehackt (sie braucht nicht geschält zu werden)
1,5 l natriumarme Gemüsebrühe
1 TL Knoblauchpulver
½ TL Pfeffer
800 g Maiskörner, tiefgefroren
500 g frischer Spinat
1 Bund Koriander, gehackt

Eine köstliche Methode, viele verschiedene Farben in einem Suppentopf zu vereinen! Während unserer monatlichen Seminare zur Prävention von Herzerkrankungen am Cleveland Clinic Wellness Institute servieren wir diese Suppe aber auch, weil sie einfach lecker schmeckt. Dabei kochen wir immer etwas Grünkohl separat und geben vor dem Servieren ein wenig davon in jeden leeren Suppenteller. (Natürlich ginge das auch genauso gut mit jedem anderen Blattgemüse.) Kocht man Grünkohl separat, bleibt er schön grün. Diesen appetitlichen Augenschmaus sollten Sie sich nicht entgehen lassen!

ZUBEREITUNG

1 In einem Suppentopf bei mittlerer Hitze Zwiebeln einige Minuten andünsten (bei Bedarf etwas Gemüsebrühe oder Wasser zugeben). Knoblauch, Sellerie, Karotten und Süßkartoffel zugeben und einige Minuten weiterrühren.

2 Gemüsebrühe zugießen, zum Kochen bringen, Herd herunterschalten und leise köcheln lassen, bis das Gemüse weich ist (etwa 15 Minuten oder auch weniger, falls Sie es eilig haben).

3 Knoblauchpulver und Pfeffer zugeben.

4 Die Suppe mit einem Pürierstab oder im Mixer pürieren, bis die gewünschte Konsistenz erreicht ist.

5 Mais, Spinat und Koriander einrühren und erhitzen, bis der Spinat weich geworden ist. Mit einem Lächeln servieren!

Riesenbohnensuppe

8-10 PORTIONEN

ZUTATEN

500 g getrocknete Riesen-Limabohnen, über Nacht eingeweicht
1 große Zwiebel, gehackt
1 Stange Porree (Grünes und Weißes), gehackt
3 Stängel Staudensellerie, gehackt
3 große Karotten, diagonal in Scheiben geschnitten
1 Lorbeerblatt
6 Knoblauchzehen, gehackt
1 TL Salbei
1 ½ TL Thymian
2 l natriumarme Gemüsebrühe
2 große Süßkartoffeln (oder 1 Butternusskürbis)
½ TL schwarzer Pfeffer
½ TL weißer Pfeffer
1 Bund Grünkohl ohne Stiele, in mundgerechte Stücke gerupft und gekocht
½ Bund Petersilie

Unsere Schwiegertochter Polly erzählte uns von dieser Suppe. Da wir große Limabohnenfans sind, konnten wir dieser interessanten Mischung aus Riesen-Limabohnen und Süßkartoffeln nicht widerstehen! Die Riesenbohnen verleihen der Suppe einen überraschend fleischigen Geschmack, die Süßkartoffeln ergänzen dies mit ihrer angenehmen Süße. Die Kombination aus beiden ist unübertroffen. Ein toller Anblick – und dann erst der Biss in die Riesenbohnen!

ZUBEREITUNG

1 Limabohnen über Nacht in reichlich Wasser einweichen. (Das Wasser sollte die Bohnen 7-8 cm überragen.)

2 Ofen auf 200 °C vorheizen.

3 Ein Backblech mit Backpapier auslegen.

4 In einem großen Suppentopf bei großer Hitze Zwiebeln in wenig Wasser dünsten, bis sie weich werden und karamellisieren. Lauch, Sellerie, Karotten und Lorbeerblatt zugeben und weitere 5 Minuten unter ständigem Rühren dünsten, bis das Gemüse weich wird. Bei Bedarf noch etwas Wasser oder Gemüsebrühe zugeben.

5 Knoblauch, Salbei und Thymian zugeben und 1 Minute weiterrühren.

6 Gemüsebrühe und Limabohnen hinzufügen und zum Kochen bringen. Herd herunterschalten, Deckel auflegen und 1-1 ½ Stunden leise köcheln lassen, bis die Bohnen weich sind. (In der Mitte dürfen sie ruhig noch ein wenig Biss haben. Kochen Sie sie nicht zu lange, was allerdings dem Geschmack der Suppe nicht schaden würde.)

7 Während die Suppe kocht, Süßkartoffeln im vorgeheizten Ofen auf dem vorbereiteten Backblech etwa 1 Stunde backen. (Die Süßkartoffeln vor dem Backen einige Male einstechen, damit sie nicht im Ofen platzen.) Wenn die Kartoffeln fertig – und innen weich – sind, aus dem Ofen nehmen, durchschneiden und das orangefarbene Innere in einen Mixer löffeln.

8 Etwa 500 ml Flüssigkeit aus dem Bohnentopf schöpfen und zu den Süßkartoffeln geben, pürieren und in den Suppentopf zurückgießen.

9 Schwarzen und weißen Pfeffer einrühren und gut durchwärmen lassen.

10 Lorbeerblatt entfernen.

11 Zum Servieren in jeden Suppenteller etwas Grünkohl geben, Suppe darüberschöpfen und mit Petersilie bestreuen. Sie können den Grünkohl auch schon früher zur Suppe geben, doch verliert er seine wunderbare Farbe, wenn Sie die Suppe nicht gleich essen. Wie auch immer Sie sich entscheiden, von dieser Suppe werden Sie begeistert sein!

HUMMUS, BROTAUFSTRICHE, SOßEN UND SALSAS

MEIN MANN LIEBT SOSSEN! Dabei gibt es doch eigentlich nichts Besseres als Spargel oder Brokkoli ohne alles. Trotzdem wird er sich immer für eine Soße dazu entscheiden, wenn sich eine in Reichweite befindet. Was mich aber manchmal wirklich verzweifeln lässt, ist die Tatsache, dass er Soße auf alles macht, ohne vorher probiert zu haben, ob es nicht vielleicht auch ohne Soße schmeckt ...!

Auf den folgenden Seiten wollen wir Ihnen einige unserer besten Soßen vorstellen. Sie sind allesamt herrlich cremig und verleihen frischen Gemüsebeilagen, Sandwiches und Hauptgerichten einen Hauch von Luxus. Man braucht keine Nüsse, um auf pflanzlicher Basis eine cremige Soße zu kochen. Unsere Rezepte beweisen es. Probieren Sie sie und überzeugen Sie sich selbst!

Es gibt keinen Ersatz für Käse. Geben Sie es lieber auf, danach zu suchen. Alle veganen »Käsesorten« enthalten viel Fett und Kasein und sind nichts anderes als veganes Junkfood. Machen Sie deshalb einen großen Bogen um solcherlei Ersatzprodukte! Aber keine Sorge. Sie werden sie nicht lange vermissen. Der Geschmackssinn ist unglaublich wandelbar. Es kann gut sein, dass sie unsere »Zitronen-›Käse‹-Soße« bald lieber mögen als Käse. Oder es geht Ihnen wie mir und Sie erliegen irgendwann in nicht allzu ferner Zeit dem Zauber der Würzhefeflocken.

Als ich Würzhefeflocken zum ersten Mal kostete, mochte ich sie gar nicht. Heute greife ich als Erstes zu ihnen, wenn einem Gericht noch etwas Entscheidendes zu fehlen scheint. Ohne Janes mäßigenden Einfluss würden sie wahrscheinlich auch in diesem Buch auf jeder Seite zehnmal vorkommen.

Selbst gemachtes Hummus

300 G

ZUTATEN

450 g Kichererbsen aus der Dose, abgetropft und gut abgespült
2 große Knoblauchzehen
2 EL Zitronensaft
2 EL Wasser
Schwarzer Pfeffer nach Geschmack
1 ½ EL Senf
¼ TL Salz (optional, wir verwenden es nicht)

Hummus ist für uns die neue Mayonnaise: eine hervorragende Grundlage für Salatdressings, ein schmackhafter Brotaufstrich, ein toller Dip für Cracker und Gemüsesticks – kurzum: unser neuer bester Freund. Beachten Sie bitte, dass unser Hummus einen Teil seines Geschmacks dem Senf und dem Essig im Senf verdankt. Deshalb vorweg eine kleine Vorwarnung: Wenn Sie kein Senf- und/oder Essigfan sind, reduzieren Sie die Senfmenge.

ZUBEREITUNG

1 Kichererbsen, Knoblauch, Zitronensaft, Wasser, Pfeffer und Senf sowie eventuell Salz im Mixer glatt pürieren.

2 Sofort servieren oder im Kühlschrank aufbewahren.

Grünes Zwiebel-Hummus

250 G

ZUTATEN

230 g »Selbst gemachtes Hummus« (siehe oben) oder fertiges, tahini- und ölfreies Hummus
4-5 Frühlingszwiebeln, weiße und grüne Teile, fein gehackt
2 TL Dijonsenf (bei Bedarf auch etwas mehr oder weniger)
1 ½ EL Zitronensaft
Zesten von einer Zitrone
1 TL Kurkuma

Dürfen wir vorstellen? Unser neuer Kräuterrahm. Er schmeckt köstlich auf Ofenkartoffeln oder gedämpftem Gemüse, als Brotaufstrich oder als Dip für Gemüsesticks. Und er steckt hinter dem Geheimnis unserer »Gefüllten Drillinge« (siehe Seite 127).

ZUBEREITUNG

Hummus, grüne Zwiebeln, Dijonsenf, Zitronensaft und -zesten sowie Kurkuma in einer kleinen Schüssel gut vermischen. Sofort verwenden.

Variation

Frischen Dill unterheben. Oder noch mehr Essig zugeben, um daraus ein Salatdressing zu machen.

Selbst gemachtes Hummus
Grünes Zwiebel-Hummus

Hummus mit karamellisierten Zwiebeln

450 G

ZUTATEN

1 Rezept »Karamellisierte Zwiebeln« (siehe Seite 25)

250 g »Selbst gemachtes Hummus« (Seite 94) oder fertiges, tahini- und ölfreies Hummus

Dieses Hummus schmeckt einfach himmlisch! Am liebsten mögen wir es auf unserer »Pizza mit karamellisierten Zwiebeln und Cherrytomaten-Chutney« (Seite 100) und als Füllung auf unserem »Zwiebel-Wrap« (Seite 67).

ZUBEREITUNG

Hummus und karamellisierte Zwiebeln zusammen in eine Schüssel geben und alles gut vermischen. Sofort servieren oder luftdicht verschlossen aufbewahren.

Süßkartoffel-Hummus

450 G

ZUTATEN

1 große Süßkartoffel, gebacken und geschält

1 große rote Paprika ohne Kerne, geröstet und geschält

3 EL Zitronensaft

1 Knoblauchzehe, zerdrückt

½ TL gemahlener Kreuzkümmel

1 Prise Cayennepfeffer

1 EL frische Petersilie, gehackt

Jim Perko, der kreative Koch am Cleveland Clinic Wellness Institute, erdachte dieses Hummus für die dort regelmäßig stattfindenden fünfstündigen Seminare zur Prävention von Herzerkrankungen. Als Dip für seine knusprigen, im Ofen gebackenen Pita-Chips ist dieses Hummus DER Hit bei den Patientinnen und Patienten.

ZUBEREITUNG

1 Süßkartoffel, Paprika, Zitronensaft, Knoblauch, Kreuzkümmel und Cayennepfeffer in einen Mixer geben.

2 Mischung glatt pürieren, in eine Schüssel füllen und mindestens 1 Stunde lang im Kühlschrank ziehen lassen.

3 Vor dem Servieren mit gehackter Petersilie bestreuen.

Süßkartoffel-Hummus
Hummus mit karamellisierten Zwiebeln
Pesto-Hummus

Pesto-Hummus

250 G

ZUTATEN

230 g »Selbst gemachtes Hummus« (siehe Seite 94) oder fertiges, tahini- und ölfreies Hummus
3 EL Zitronensaft
Zesten einer Zitrone
1 Bund Basilikum, die Blätter abgezupft

Dieser leuchtend grüne Brotaufstrich ist einfach unwiderstehlich!

ZUBEREITUNG

Alle Zutaten in einen Mixer geben und zu einem glatten, herrlich grünen und nach Basilikum duftenden Pesto pürieren.

Birnen-Apfel-Chutney

FÜR ETWA 500 ML

ZUTATEN

1 Birne, mit Schale klein gewürfelt
2 Äpfel, mit Schale klein gewürfelt
1 TL gemahlene Nelken
1 Knoblauchzehe, zerdrückt
1 TL Zimt
80 ml Obstessig

Chutneys vereinen Zutaten, die ich spontan nicht unbedingt in ein und demselben Rezept verarbeiten würde, erstaunlicherweise zu einem harmonischen Ganzen. Hier das Rezept meines Mannes Brian, das er gern zu einem seiner indischen Festessen serviert. Wir mögen es besonders zu »Aloo Paratha« (siehe Seite 140) und »Dal Singapur« (siehe Seite 200) sowie zu unserem »Dal-Wrap« (siehe Seite 67).

ZUBEREITUNG

1 Birnen- und Apfelstücke, Nelken, Knoblauch, Zimt und Obstessig in einen kleinen Kochtopf geben. Zum Kochen bringen und anschließend 40 Minuten bei geringer Hitze köcheln lassen, bis alles weich ist. Zum Anfang sieht es so aus, als würde es gar keine Flüssigkeit mehr geben, aber warten Sie ruhig ab – das Chutney wird noch richtig saftig.

2 Kühl stellen und zu wirklich ALLEM servieren!

Cannellini-Bohnen-Soße

400 ML

ZUTATEN

420 g Cannellini-Bohnen aus der Dose, abgetropft und abgespült
2 EL natriumarme Tamari-Sojasoße
1-2 frische Knoblauchzehen
etwa 1 EL Wasser

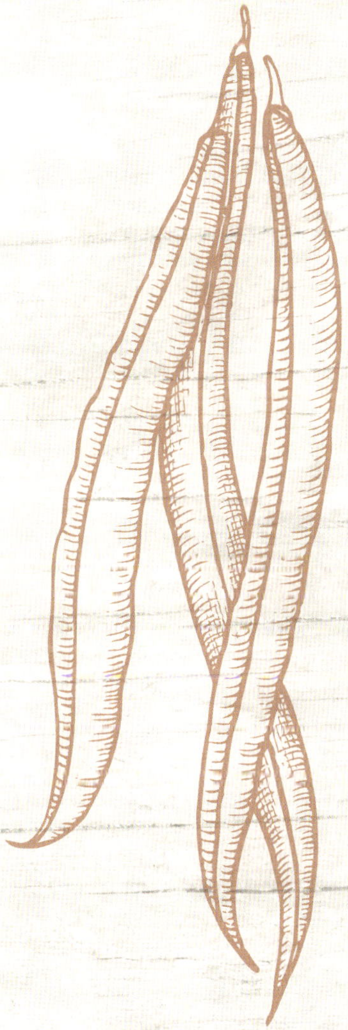

Mit dieser Soße wurden unsere Gebete erhört. Wir brauchten nämlich dringend eine nussfreie Version unserer Lieblings-Walnusssoße als Begleitung zu gekochtem Gemüse, als Grundlage für diverse Dressings und – am allerwichtigsten – als Topping auf unserer Lieblingsvorspeise, der »Gestapelten Polenta nach Dr. Seuss« (Seite 122).

ZUBEREITUNG

Bohnen, Knoblauch und Tamari-Sojasoße in einen Mixer geben und unter Zugabe des Wassers glatt pürieren. (Für eine dünnere Konsistenz – wie zum Beispiel für ein Dressing – etwas mehr Wasser, für eine dickere Konsistenz – wie zum Beispiel für einen Dip – etwas weniger Wasser nehmen.) Zu Grünkohl oder anderen Gemüsesorten, zu Salaten, gekochtem Reis oder Getreide, auf Sandwiches oder als Topping auf einer herzhaften Pizza servieren.

Cherrytomaten-Chutney

750 ML

ZUTATEN

½ Gemüsezwiebel, in dünne Scheiben geschnitten
3 Knoblauchzehen, gehackt
1 kg Cherrytomaten
4 EL Wasser
4 EL Obstessig
1 EL Ahornsirup
1 Prise Piment
1 Prise Zimt
1 Prise frisch gemahlener Pfeffer
2 EL frischer Koriander, gehackt

Debbie Kastner vom »Healthy Happy Librarian« ernährt sich rein pflanzlich und postet die neuesten Nachrichten und Forschungsergebnisse zu diesem Thema auf ihrem Blog. Auch wir gehören zu ihren Fans, seit wir von ihr ein fantastisches Rezept für eine Pizza mit diesem Chutney als Belag bekommen haben. Die Pizza sieht toll aus und schmeckt lecker. Die Idee zu dem Chutney stammt von Bobby Flay, wir haben es nur noch ein wenig »pflanzlicher« gemacht. Besonders gut schmeckt es uns, wie gesagt, als Topping auf der »Pizza mit karamellisierten Zwiebeln und Tomatenchutney« *(Seite 185).*

ZUBEREITUNG

1 In einer großen Pfanne auf höchster Stufe unter ständigem Rühren die Zwiebelscheiben anbraten, bis sie leicht gebräunt sind. Hitze stufenweise herunterstellen, während die Zwiebeln weiter bräunen und karamellisieren. Falls die Zwiebeln zu trocken werden oder am Pfannenboden festkleben, ein wenig Wasser zugeben, um sie zu lösen.

2 Knoblauch zugeben und weitere 30 Sekunden mitbraten. Ganze Cherrytomaten einrühren, Wasser, Essig, Ahornsirup, Piment, Zimt und Pfeffer untermischen und weiterrühren, bis die Tomaten weich werden und die Mischung andickt (20 Minuten oder einen Tick länger).

3 Das Chutney sieht schon so appetitlich aus, dass es eine Schande wäre, jetzt noch etwas daran zu verändern! Nehmen Sie es von der Herdplatte, wenn die Flüssigkeit komplett verdampft ist, und rühren Sie den Koriander ein. Auf Raumtemperatur abkühlen lassen.

Maissoße

500 ML

ZUTATEN

5 frische Maiskolben oder 450 g tiefgefrorener Mais
1 Gemüsezwiebel, gehackt
125-250 ml Wasser oder Brühe
1 EL Balsamessig (heller Balsamessig bewahrt die helle Farbe der Soße)

Diese Soße ist einfach und schnell gemacht. Mit Petersilie, Koriander oder Dill sieht sie besonders gut aus. Servieren Sie sie zu gekochtem Gemüse oder zu unserem beliebten »Spargel-Pilz-Pie« (Seite 188). Vielleicht schmeckt Sie Ihnen aber auch so gut, dass Sie sie am liebsten ohne etwas dazu löffeln möchten. Den besten Geschmack entfaltet sie natürlich, wenn Sie frischen Mais verwenden.

ZUBEREITUNG

1 Maiskörner mit einem scharfen Messer von den Kolben schneiden, anschließend noch einmal den Saft herausstreichen. Frischer Mais ist am besten! Falls Sie tiefgefrorenen Mais verwenden, tauen Sie ihn unter fließendem Wasser auf.

2 Mais und Zwiebel mit 125 ml Wasser oder Gemüsebrühe im Mixer pürieren. Anschließend in eine Pfanne gießen und wie Rührei braten. Dabei ständig wenden, bis alles gut durchgewärmt ist und sich die ersten Kochblasen zeigen. Bei Bedarf mehr Gemüsebrühe zufügen. (Zu gekochtem Gemüse ist eine dünnere Soße besser.) Balsamessig hinzugeben und nochmals umrühren. Mit Essig, Zitronen- oder Limettensaft lässt sie sich übrigens auch gut in ein Dressing verwandeln.

Zitronen-»Käse«-Soße

400 ML

ZUTATEN

- 8 EL Würzhefeflocken
- 8 EL »Selbst gemachtes Hummus« (Seite 94) oder fertiges tahini- und ölfreies Hummus
- 180 ml Gemüsebrühe oder Wasser
- ¼ TL Kurkuma
- 1 Prise Cayennepfeffer
- 1 EL Maisstärke
- 2-3 EL Zitronensaft (je nach Geschmack) und Zesten (von etwa ½ Zitrone)

In unserer pflanzlichen, herzgesunden Küche gibt es keinen Käseersatz, aber diese Soße sieht nach Käse aus und hat einen ganz ähnlichen Schmelzeffekt. Kurkuma verleiht ihr eine wunderbar »käsige«, gelbe Farbe und das Hummus verfeinert das Aroma zusätzlich. Soll die Soße dicker werden, nehmen Sie weniger Brühe – dann wird sie umso »käsiger«! Wir lieben sie als Dip für Pita-Chips, zu Gemüse (vor allem zu gekochtem Blumenkohl) oder unter einem Grill geschmolzen auf einem Brötchen mit Tomaten und frischen Kräutern. Aber auch einfach so gelöffelt schmeckt sie wundervoll. In unserer »Spargel-Pilz-Pie« ist sie für das köstliche Aroma verantwortlich. Verblüffenderweise sieht sie aus wie eine (im Normalfall furchtbar fetthaltige) Soße Hollandaise, ist es zum Glück aber nicht!

ZUBEREITUNG

In einem kleinen Kochtopf bei mittlerer Hitze alle Zutaten vermischen und mit einem Schneebesen kontinuierlich verrühren, bis die Soße andickt. Vom Herd nehmen, wenn sie gerade anfängt, zu kochen – dann ist sie am besten: schön cremig und verzehrfertig!

Himbeersoße

400 ML

ZUTATEN

280 g gefrorene Himbeeren, aufgetaut
1 TL Balsamessig oder mehr, je nach Geschmack

Wir sind verrückt nach dieser Soße und essen sie auf so gut wie allem: Waffeln, Pfannkuchen, Obstsalat und sogar Toast! Uns schmeckt sie besser als Ahornsirup. Probieren Sie sie unbedingt auch einmal auf Reis-Tortillas! Einfach lecker! In diesem Rezept sorgt der Essig für den entscheidenden Pfiff. Wenn Sie kleinere Mengen zubereiten, verwenden Sie ½ TL Himbeer-Balsamessig auf 70 g Himbeeren.

ZUBEREITUNG

Himbeeren und Balsamessig in einem Mixer geben und glatt pürieren. Sofort verbrauchen oder im Kühlschrank aufbewahren.

Enchilada-Soße

750 ML

ZUTATEN

2 EL Weizenvollkornmehl
2-3 EL Chilipulver
½ TL Knoblauchpulver
½ TL Zwiebelpulver
½ TL Kreuzkümmel
¼ TL Oregano
500 ml natriumarme Gemüsebrühe
180 g Tomatenmark
¼ TL Salz (optional)

Diese Soße gibt unseren »Tortillas Azteca« (Seite 183) und vielen anderen mexikanisch angehauchten Gerichten den entscheidenden Kick. Bereiten Sie gleich eine größere Menge zu und bewahren Sie sie im Kühlschrank auf. Ich finde, dass sie dem Essen eine sehr angenehme, aromatische Tiefe verleiht. Probieren Sie sie als Ergänzung zu »Schrapnell-Burritos (Seite 195), »Frühstückspuffern« (Seite 47) oder »Chili Rellenos« (Seite 201).

ZUBEREITUNG

1 In einer kleinen Schüssel alle trockenen Zutaten (Mehl, Chili-, Knoblauch- und Zwiebelpulver, Kreuzkümmel und Oregano) gut vermischen.

2 In einem kleinen Kochtopf bei mittlerer Hitze mit einem Schneebesen Gemüsebrühe mit den vermischten trockenen Zutaten sowie Tomatenmark und Salz (optional) gut vermischen und unter ständigem Rühren erhitzen, bis sich das Tomatenmark aufgelöst hat. Bei geringer Hitze etwa 20 Minuten leise köcheln lassen. Dabei gelegentlich umrühren und bei Bedarf nachwürzen.

Shiitake-Zwiebel-Soße

1,2 L

ZUTATEN

1 große Gemüsezwiebel, gehackt
130 g Shiitake Pilze, in Scheiben
1 l natriumarme Gemüsebrühe
¼ TL getrockneter Salbei
¼ TL getrockneter Thymian
40 g Weizen-, Reis-, Dinkel- oder anderes Vollkornmehl
¼ TL Pfeffer
2 EL natriumarme Tamari-Sojasoße (optional)

Aroma und Konsistenz von Shiitakepilzen sind unvergleichlich. Die Versuchung, die Soße zu jeder Mahlzeit zu servieren, ist riesengroß. Am besten schmeckt sie uns allerdings mit »Knoblauch-Kartoffelpüree« (Seite 130). Probieren Sie sie auch zu Toast, Pasta, Reis und Gemüse. So macht Essy das jedenfalls immer. Für ihn geht es einfach nicht ohne …!

ZUBEREITUNG

1 In einer großen Pfanne Zwiebel in wenig Wasser andünsten und glasig werden lassen. Shiitakepilze zugeben und etwa 10 Minuten garen, bis sie weich sind. Dabei gelegentlich umrühren.

2 Gemüsebrühe angießen und weiterkochen, bis alles gut erhitzt ist.

3 Mehl einrühren und mit einem Schneebesen gut verquirlen, damit es keine Klümpchen gibt.

4 Mit Salbei, Thymian und Pfeffer abschmecken. Nur bei echtem Bedarf 2 EL natriumarme Tamari-Sojasoße zugeben. Uns schmeckt die Soße auch ohne Tamari lecker.

Mommys Pilzsoße 2.0

750 ML

ZUTATEN

1 Zwiebel, gehackt
2-3 Knoblauchzehen, gehackt
350 g Pilze, in Scheiben
500 ml natriumarme Gemüsebrühe
2 TL weißes Miso (weißes hat den geringsten Salzgehalt)
2 EL glutenfreie Mehlmischung oder Weizenvollkornmehl
2 EL natriumarme Tamari-Sojasoße
2 EL Sherry (optional)
Schwarzer Pfeffer nach Geschmack

Diese Soße ist aber auch einfach zu gut! Bei unseren Büfetts ist sie immer als Erstes alle. Das Rezept ähnelt dem in »My Beef with Meat«, allerdings haben wir die Tamari- und Misomengen begrenzt, um den Natriumgehalt zu drosseln. Außerdem bieten wir eine Version mit glutenfreier Mehlmischung für alle Menschen mit Glutenunverträglichkeit an. Es ist die Soße, die bei den »Geröstete neue Kartoffeln mit Soße« (Seite 133) zum Einsatz kommt. Probieren Sie sie aber auch zu unserem »Knoblauch-Kartoffelpüree« (Seite 130) und zu »Brians ›Stuffing‹« (Seite 125).

ZUBEREITUNG

1 In einem Kochtopf bei mittlerer Hitze Zwiebel in wenig Wasser andünsten. Gut rühren und bräunen lassen. Knoblauch und Pilzscheiben zugeben und weiter dünsten, bis die Pilze weich werden. Bei Bedarf kleine Wassermengen zugießen, damit nichts anbrennt.

2 250 ml Gemüsebrühe angießen und weiterrühren.

3 Miso, Mehl und Tamari-Sojasoße in der restlichen Gemüsebrühe auflösen und mit dem Sherry (optional) in den Topf geben. Weiterkochen lassen, bis die Soße zur gewünschten Konsistenz eingedickt ist. Mit Pfeffer abschmecken und warm servieren.

SALSAS!

SALSAS: Hier dreht sich alles um die Toppings – die i-Tüpfelchen auf dem Essen! Salsas werden zwar in der Regel ohne Öl gemacht, enthalten aber dennoch manchmal unnötig viel Salz. Wir haben uns deshalb einige wirklich köstliche Salsas ausgedacht, die Farbe und Aroma einer jeden Speise enorm aufwerten können. Wir wetten, dass sie Ihre Geschmacksknospen zum Jubeln bringen werden.

Lassen Sie sich den Spaß der eigenen Zubereitung dieser leckeren Salsas nicht entgehen. Manche Zutaten sind in Ihrer Gegend allerdings vielleicht nur saisonal erhältlich. Halten Sie also die Augen offen, damit Sie bei den tollen, frischen Salsas immer »up to date« sind!

Mango-Limetten-Salsa

500 ML

ZUTATEN

2 reife Mangos, gewürfelt
¼ rote Zwiebel, fein gehackt
½ Bund Petersilie oder Koriander
Zesten von 1 Limette
Saft von 1 ½ Limetten

Eine Salsa, die ich jeden Tag essen könnte. Ihre Farbe ist so frisch und strahlend, dass sie bei mir jedes Mal ein echtes Glücksgefühl auslöst. Neulich beim Abendessen sagte mein Vater: »Diese Salsa könnte man auf einer Schiefertafel servieren und sie würde immer noch fantastisch aussehen – und noch fantastischer schmecken.« Wir mögen sie besonders gern zu »Matts Sofritos« (Seite 196) und zu hunderttausend anderen Dingen.

ZUBEREITUNG

Mango, Zwiebel, Petersilie oder Koriander, Limettenzesten und -saft in eine Schüssel geben, gut vermengen und über alles geben, was einen Frischekick gebrauchen kann.

Salsa aus gerösteten Tomatillos

500 ML

Das Rösten der Zutaten zu diesem Rezept schafft etwas völlig Neues: Ein erstaunlich mildes, ja fast buttriges Aroma entsteht. Kein Wunder, dass diese Salsa sich bei uns größter Beliebtheit erfreut!

ZUTATEN

4 Tomatillos (alternativ können Sie auch Tomaten nehmen)
¼ Gemüsezwiebel, gewürfelt
1 dünne, lange Chilischote, auf Wunsch entkernt
1 große Knoblauchzehe
½ Handvoll Koriander

ZUBEREITUNG

1 Tomatillos, Zwiebel, Chili und Knoblauch über der Flamme eines Gasherds oder – wenn Ihnen dies lieber ist und sicherer erscheint – unter dem Grill eines Backofens rösten, bis sich rundherum schwarze Flecken zeigen.

2 Abkühlen lassen und die Chilischote teilweise oder ganz entkernen, wenn Sie es lieber nicht so scharf mögen. Sie haben die Wahl und dürfen hier an der Schärfe-Stellschraube drehen.

3 Tomatillos, Zwiebel, Chili, Knoblauch und Koriander in einen Mixer geben, bis zur gewünschten Konsistenz pürieren und sofort servieren.

Pico de Gallo

500 ML

ZUTATEN

440 g Tomaten, geschält, entkernt und gewürfelt
20 g Zwiebeln, fein gewürfelt
½ frische Jalapeño, entkernt und fein gewürfelt
1 EL Knoblauch, gehackt
Saft von 2 Zitronen
4 EL Koriander, fein gehackt

»Pico de Gallo« ist spanisch für »Hahnenschnabel«. Zum Glück musste für dieses Gericht aber kein Hahn sein Leben oder auch nur seinen Schnabel lassen. Der Name bezeichnet eine einfache, frische, nahrhafte Zubereitung, bei der sich Mutter Natur von ihrer besten Seite zeigt. Wir kombinieren sie gern mit anderen Salsas. Da sie weder zu scharf noch zu süß ist, können Sie sie frei mit allem mischen, wonach Ihnen der Sinn steht. Wir servieren sie zu »Schrapnell-Burritos« (Seite 195), »Mangold-Burritos mit schwarzen Bohnen und Süßkartoffeln« (Seite 198), »Fünf-Sterne-Reis mit schwarzen Bohnen« (Seite 193), »Matts Sofritos« (Seite 196) und allem, was uns sonst noch so einfällt.

ZUBEREITUNG

In einer Schüssel Tomaten, Zwiebeln, Jalapeño, Knoblauch, Zitrone und Koriander gründlich vermischen und gleich frisch oder gut gekühlt servieren.

Cranberry-Salsa aus Down Under

600-750 ML

ZUTATEN

360 g frische oder gefrorene Cranberries
3 EL frischer Limettensaft
8-12 EL Ahornsirup
3-4 Frühlingszwiebeln, in dünne Scheiben geschnitten
½ großer Jalapeño, entkernt und gehackt
2 Bund frischer Koriander, Blätter ohne Stängel, nicht gehackt

Tipp

Wenn Sie die Mischung noch etwas länger im laufenden Mixer lassen, wird daraus ein leckeres Relish!

Witzig, dass wir das Rezept für diese Salsa ausgerechnet aus Australien bekommen haben! Tatsächlich stammt es von meiner australischen Freundin Leanne, die dieses einzigartige Familienrezept an mich weitergab. Heute gehört es zu unseren Lieblingsrezepten und wir setzen die leckere Salsa bei so gut wie allem ein, und zwar rund ums Jahr. Sie schmeckt nämlich ebenso gut mit frischen wie mit gefrorenen Cranberrys. Ohne teures Flugticket kommt so der Geschmack Australiens zu uns in unsere Küche …

ZUBEREITUNG

Cranberrys, Limettensaft, Ahornsirup, Frühlingszwiebeln, Jalapeño und Koriander in einen Mixer geben und grob hacken. Kühl stellen und mit »Brians ›Stuffing‹« (Seite 125), auf getoastetem Vollkorn-Pitabrot, zu »Fünf-Sterne-Reis mit schwarzen Bohnen« (Seite 193) und allem anderen servieren, das ein bisschen fruchtige Schärfe vertragen kann.

Granatapfel-Salsa
Pico de Gallo
Cranberry-Salsa
aus Down Under

Pfirsich-Salsa für Angeber
Mango-Limetten-Salsa
Salsa aus gerösteten Tomatillos

Pfirsich-Salsa für Angeber

350-500 ML

ZUTATEN

2 Pfirsiche, am besten ein wenig überreif, geschält und gewürfelt
2 Frühlingszwiebeln, gehackt
2 Knoblauchzehen, fein hackt
450 g Tomaten, gewürfelt
2 EL Petersilie, gehackt
1 oder 2 Spritzer einer scharfen Soße Ihrer Wahl

Zu ihrer natürlichen Reifezeit erreichen Pfirsiche ihr intensivstes Aroma. Ich kaufe dann immer gleich 20 Stück, und wenn wir sie nicht alle aufessen können, ehe die Fruchtfliegen sich darauf stürzen, nehme ich die weicheren Früchte, die auch die Kinder nicht mehr essen mögen, und bereite daraus diese köstliche Pfirsich-Salsa zu. Sie ist absolut himmlisch! Wenn ich sie serviere und alle begeistert sind, komme ich mir immer vor wie eine Angeberin, dabei habe ich gar nicht viel gemacht – nur die Pfirsiche haben das Lob verdient!

ZUBEREITUNG

Pfirsiche, Frühlingszwiebeln, Knoblauch, Tomaten, Petersilie und scharfe Soße in eine Schüssel geben, gut mischen und servieren. Darauf gefasst machen, als Angeber tituliert zu werden.

Granatapfel-Salsa

250 ML

ZUTATEN

180 g Granatapfelkerne
2 EL Limettensaft
Zesten einer Limette
2 Frühlingszwiebeln, Weißes und Grünes, fein gehackt

Eine köstliche, kräftige Salsa, die neben den Granatapfelkernen kein weiteres Süßungsmittel mehr nötig hat. Die Kerne aus den Granatäpfeln herauszuholen kann ein wenig mühsam sein, macht aber gleich doppelt Spaß, wenn man den praktischen Tipp kennt, den Granatapfel in der Spüle in eine Schüssel mit Wasser zu legen. Wie durch ein Wunder sinken die Samen ab und die weiße Trennhaut schwimmt oben! Diese Salsa bereichert alles, was noch ein wenig Gaumenkitzel vertragen kann, vom einfachsten bis zum kompliziertesten Gericht … vom Toast mit Reis und Bohnen bis zum aufwendigsten Büffet.

ZUBEREITUNG

Granatapfelkerne, Limettensaft und -zesten sowie Frühlingszwiebeln in eine kleine Schüssel geben, gut vermischen und servieren. Ihre Kochkünste werden an dem Tag DAS Gesprächsthema sein!

NUDELSOSSEN

FERTIGE NUDELSOSSEN OHNE ZUGESETZTES FETT werden nur selten angeboten. Mit diesem Wissen ausgestattet, können Sie es sich ersparen, alle Zutatenlisten zu studieren. Nichts ist frustrierender, als stundenlang vor dem Regal mit den Nudelsoßen im Supermarkt zu stehen und das Kleingedruckte durchzugehen, vor allem, wenn man dann auch noch nicht einmal fündig wird. Die Zeit hätte man wahrlich besser nutzen können!

Trotzdem ist es natürlich praktisch, wenn man schnell eine gute Nudelsoße verfügbar hat. In diesem Abschnitt wollen wir Ihnen deshalb einige ebenso schnelle wie einfache Rezepte an die Hand geben, mit denen Sie im Handumdrehen Nudelsoßen ohne Öl und Salz herstellen können. Einige leckere, herzhafte Taco- und Enchilada-Soßen sind auch mit dabei.

Tomatensoße leicht und schnell

1,75 L

ZUTATEN

800 g Tomaten aus der Dose, geschält und gewürfelt
800 g Tomaten aus der Dose, geschält und püriert
2 TL getrockneter Thymian
2 TL getrockneter Rosmarin
2 TL getrockneter Oregano
1 TL Zwiebelpulver
1 TL Knoblauch, gehackt
2-3 EL Ahornsirup

Diese Tomatensoße lässt sich vielfältig abwandeln, je nachdem, welche Gewürze und zusätzlichen Gemüsesorten man wählt. Aber auch die Grundform schmeckt schon lecker und ist meine Lieblingssoße, weil es bei ihr nichts zu schnippeln oder sonst wie vorzubereiten gibt. Sie schmeckt fantastisch, wenn man nur Tomaten nimmt, lässt sich aber auch jederzeit durch weitere Gemüsesorten aufpeppen. Wenn Sie die Soße etwas länger kochen, wird sie dunkler und dicker, sodass sie sich hervorragend auf eine Pizza streichen lässt.

ZUBEREITUNG

1 Alle Zutaten in einen Kochtopf geben, zum Kochen bringen und etwa 5 Minuten sanft köcheln.

2 Bis zum Servieren auf der noch warmen Platte ziehen lassen oder kühl stellen und später aufwärmen.

Besto Pesto

625 ML

ZUTATEN

420 g Cannellini-Bohnen aus der Dose, abgetropft und abgespült
2 Knoblauchzehen, gehackt
4 EL Würzhefeflocken
60 ml Zitronensaft (bei Bedarf auch mehr)
Zesten einer halben Zitrone (bei Bedarf auch mehr)
1 Bund frisches Basilikum

»Pesto ist das Besto!«, lautet ein geflügeltes Wort unserer Familie. Hier unser nahrhaftes Bohnenpesto ohne Fett und ohne Käse. Es mag ähnliche Rezepturen geben, aber keine spiegelt so unverblümt die Vorliebe meiner Mom für Zitronen und Zitronenzesten wider.

ZUBEREITUNG

1 Alle Zutaten in einem Mixer glatt pürieren.

2 Zu Nudeln, als Brotaufstrich oder als Dip oder Dressing servieren.

Nudelsoße aus gerösteten Tomaten und roten Linsen

500 ML

ZUTATEN

4 Knoblauchzehen, gehackt
2 EL Gemüsebrühe oder Wasser
50 g rote Linsen
375 ml Gemüsebrühe
420 g feuergeröstete Tomaten ohne Salzzusatz
1 Prise rote Chiliflocken
½ Bund frisches (oder 1 TL getrocknetes) Basilikum, gehackt
½ TL getrockneter Oregano
1 TL Balsamessig, nach Geschmack

Die gerösteten Tomaten verleihen dieser Soße ihr unverwechselbares Aroma. Die meisten Tomatensoßen brauchen zumindest ein wenig Zucker, um die Säure zu neutralisieren, hier übernimmt der Balsamessig diese Aufgabe! Greifen Sie gern immer wieder auf dieses Rezept zurück, wenn Sie eine besonders schmackhafte Soße brauchen. Ich kann mit Fug und Recht behaupten, dass es so gut wie nichts gibt, was Essy bisher noch nicht mit dieser Soße beträufelt hätte.

ZUBEREITUNG

1 In einem kleinen Kochtopf bei mittlerer Hitze Knoblauch in 2 EL Gemüsebrühe andünsten, bis die Flüssigkeit verdampft ist und der Knoblauch zu duften beginnt. Gut aufpassen, damit nichts anbrennt. Linsen und Gemüsebrühe zugeben, gut umrühren, Deckel auflegen und bei mittlerer bis geringer Hitze etwa 15 Minuten weiterkochen, bis die Linsen sich aufgelöst haben und schon ein wenig breiig aussehen.

2 Mit einem Pürierstab oder Mixer Linsen und Knoblauch glatt pürieren. Masse in den Topf zurückgeben, Tomaten, Basilikum, Oregano und Chiliflocken zugeben und Deckel auflegen. Zum Kochen bringen, Hitze herunterschalten und etwa 15 Minuten bei geringer Hitze köcheln lassen.

3 Zuletzt den Balsamessig einrühren.

4 Die Soße schmeckt schon so äußerst lecker, wenn Sie aber lieber eine ganz glatte Soße hätten, können Sie sie nochmals mit dem Pürierstab oder im Mixer pürieren. Unser 13-jähriger Enkel meint, sie müsse ganz glatt sein.

VORSPEISEN UND BEILAGEN

GEMÜSE – UND ZWAR AM BESTEN IN ALLEN REGENBOGENFARBEN – sollte täglich auf Ihren Teller kommen. Achten Sie darauf, möglichst viele Farben unterzubekommen, und fügen Sie, wann immer es geht, zu jeder Mahlzeit noch ein wenig grünes (rohes oder gekochtes) Blattgemüse zusätzlich hinzu.

Wie lang (und ob überhaupt) Sie Ihr Gemüse kochen, ist Ihnen überlassen. Wir mögen Grün- und Blattkohl, Mangold und Spinat am liebsten gekocht und haben auch das Gefühl, in gekochtem Zustand mehr davon essen zu können. Unsere Lieblingsergänzung zu gekochtem Gemüse ist Balsamessig. Wie mein Mann immer sagt: »Ein Spritzer Balsamico verwandelt einfaches Gemüse in ein Festessen.«

Spargel, Brokkoli, grüne Bohnen und auch Erbsen sind schnell zu kochen und eine wunderbare Ergänzung jeder Mahlzeit. Experimentieren Sie immer auch einmal mit weniger bekannten Gemüsesorten. Artischocken zum Beispiel gehören bei uns zur ersten Wahl, wenn wir Gäste haben und uns zum Essen viel Zeit nehmen. Rote Bete, Ringelbete und viele andere Wurzelgemüsesorten sorgen auf jeder Gemüseplatte für willkommene Abwechslung. Rosenkohl eignet sich hervorragend zum Dippen mit Hummus und lässt sich sogar grillen. Kartoffeln und Süßkartoffeln sättigen gut und lassen sich in unendlicher Vielfalt zubereiten. Wir hatten das Glück, einen Pommes-Frites-Schneider geschenkt zu bekommen, der bei uns an der Küchenwand hängt. Damit können wir im Nu Kartoffeln oder Süßkartoffeln in Stifte schneiden, die wir ganz ohne Öl auf Backpapier im Ofen backen.

Gemüsereste lassen sich hervorragend in diversen Salaten unterbringen oder als schneller Snack zum Mittagessen einpacken, obwohl bei uns – hier ist schon fast das Wort »leider« angebracht – nur selten Gemüse übrig bleibt. Ich bin immer wieder verblüfft, wie leicht es ist, ganze Platten mit Spargel und Brokkoli aufzufuttern, wenn sie so gekocht sind, wie wir sie am liebsten mögen: gerade weich, aber noch mit Biss. Jeder von uns hat da seine eigenen Vorlieben, von ganz fest bis sehr weich. Essen Sie alles so, wie Sie es am liebsten mögen, und wenn es Gemüse ist – schwelgen Sie darin!

Einige der folgenden Beilagenrezepte können ohne Probleme auch als Hauptgerichte durchgehen. Weder Jane noch unsere Buchlektorin verstehen, warum ich darauf bestehe, dass Kartoffelpüree durchaus den Mittelpunkt einer Mahlzeit bilden kann, deshalb steht es auch – gegen meinen Willen! – hier im Beilagenkapitel. Wenn Sie möchten, betrachten Sie es – genauso wie bei Bedarf jede andere Beilage oder Vorspeise – als Hauptgang Ihrer Mahlzeit und bauen Sie alle anderen Komponenten darum herum.

Gestapelte Polenta nach Dr. Seuss, »revidierte Fassung«

12-15 STAPEL

ZUTATEN

1 Rolle fertige Polenta in »Wurst«-Form (etwa 250 g)
1 Süßkartoffel mit ähnlichem Umfang wie die Polenta
3-4 Fleischtomaten mit ähnlichem Umfang wie die Polenta
250 ml »Cannellini-Bohnen-Soße« (Seite 99)
1 Handvoll Koriander oder Basilikum, je nach Vorliebe
1 Limette oder Zitrone, je nach Vorliebe
1 Flasche Balsamico-Creme

Dieses Rezept fand bei den Leserinnen und Lesern von »My Beef with Meat« mehr Zuspruch als jedes andere. In typischen Kommentaren hieß es: »Das perfekte Dinner!« »Das Beste, was ich je gegessen habe«, »Das sieht so elegant aus, dass wir es bei unserer Hochzeitsfeier servieren werden.« Die kleine Menge Walnusssoße im Originalrezept ist das Einzige, was nicht ganz in eine perfekte, herzgesunde Ernährung passt. Deshalb haben wir eine neue, revidierte Fassung ersonnen, in der sie durch eine Bohnensoße ersetzt wird.

ZUBEREITUNG

1 Ofen auf 180 °C vorheizen.

2 Zwei Backbleche mit Backpapier auslegen.

3 Süßkartoffel in etwa 7 mm dicke, runde Scheiben schneiden.

4 Süßkartoffelscheiben auf das Backpapier legen und etwa 30-40 Minuten backen, bis sie gar sind.

5 Polentarolle in etwa 7 mm dicke Scheiben schneiden (gleiche Anzahl wie Süßkartoffelscheiben).

6 Polentascheiben auf das Backpapier auf dem zweiten Backblech legen und 20 Minuten backen, bis sie gut durchgewärmt sind.

7 Tomaten in dicke, runde Scheiben schneiden (ebenfalls gleiche Anzahl wie Süßkartoffelscheiben).

8 Cannellini-Bohnen-Soße zubereiten.

9 Für das Topping Korianderblätter mit Limettensaft oder Basilikumblätter mit Zitronensaft mischen und grob pürieren.

10 Auf einer schönen Platte Polentascheiben anrichten und mit einer Schicht Bohnensoße bedecken.

11 Eine Süßkartoffelscheibe auf die Soße legen und wieder mit einer Schicht Soße bedecken.

12 Das Koriander- oder Basilikum-Topping in mehreren Klecksen auf die Tomatenscheiben setzen.

13 Stapel von oben und von der Seite mit der Balsamicocreme in einem hübschen Sternenmuster beträufeln.

14 Mit einem scharfen Messer und einer Gabel servieren und aus vollen Zügen genießen!

Brians »Stuffing«

16-20 PORTIONEN

ZUTATEN

15 Scheiben ohne zugesetztes Fett gebackenes Brot: je 5 Scheiben Mehrkorn-, 5 Scheiben Roggen- und 5 Scheiben Weizenvollkornbrot, in etwa 2,5 cm große Stücke geschnitten
1 große Zwiebel, gewürfelt
3 Stängel Staudensellerie, gehackt
40 g Grünkohlblätter, in mundgerechte Stücke geschnitten
250 g Karotten, in Scheiben geschnitten
500 g Pilze, in Scheiben geschnitten
120 g Wasserkastanien, in Scheiben geschnitten
2 Äpfel, entkernt und gewürfelt
1 Birne, entkernt und gewürfelt.
180-240 g frische Cranberries
2 EL getrockneter Salbei
2 EL getrockneter Thymian
1 EL getrockneter Oregano
1 TL Knoblauchpulver
½ TL schwarzer Pfeffer, frisch gemahlen
1-1,5 l natriumarme Gemüsebrühe
125-250 ml Portwein

»Stuffing« ist die traditionelle Bratenfüllung, die in Nordamerika zu einem richtigen »Thanksgiving Dinner« einfach dazugehört. Mein Mann Brian macht sie jedes Jahr zu Thanksgiving und meine Mom isst diese Beilage so gern, dass sie kurz vor Weihnachten schon wieder auf ihrem Wunschzettel steht. Natürlich ist Brians Weihnachtsgeschenk für sie dann immer eine große Schüssel »Stuffing«, die wir uns am Weihnachtstag alle zusammen schmecken lassen! Hier noch eine effektvolle Abwandlung: Die Füllung in einem ausgehöhlten Kürbis backen und servieren. Sie brauchen dafür bloß einen Speisekürbis, der in Ihren Ofen passt, sauber auszuhöhlen und mit »Stuffing« zu befüllen. Anschließend wird der Deckel wieder aufgelegt und das Ganze wie unten beschrieben gebacken. Wir essen dazu besonders gern »Cranberry-Salsa aus Down Under« (Seite 113) und »Mommys Pilzsoße 2.0« (Seite 108). Wir sind sicher, Ihnen wird es nicht anders gehen!

ZUBEREITUNG

1 Ofen auf 180 °C vorheizen.

2 Brotwürfel auf ein Backblech legen und 15 Minuten backen, bis sie gut getrocknet sind.

3 (Dabei immer wieder einmal prüfen, ob die Brotwürfel auch nicht zu braun werden.) Backblech herausnehmen und zur Seite stellen.

4 In einer Pfanne bei mittlerer Hitze Zwiebel, Sellerie, Grünkohl Karotten und Pilze in wenig Wasser etwa 8-10 Minuten dünsten, bis sie weich werden.

5 In einer großen Schüssel Brotwürfel, gekochtes Gemüse, Wasserkastanien, Apfel- und Birnenwürfel, Cranberries, Salbei, Thymian, Oregano, Knoblauchpulver und Pfeffer vermischen. Gemüsebrühe und Portwein unterrühren und kräftig vermischen, bis alles gleichmäßig verteilt und benetzt ist. Die feuchte Füllung in eine Auflaufform (oder einen ausgehöhlten Kürbis) geben. Mit Aluminiumfolie (oder dem Kürbisdeckel) zudecken und 45-60 Minuten backen.

6 Noch warm mit der »Cranberry-Salsa aus Down Under«, »Mommys Pilzsoße 2.0« und »Knoblauch-Kartoffelpüree« (Seite 130) servieren.

Gefüllte Drillinge

24 KARTOFFELN

ZUTATEN

12 kleine Drillinge (von der Größe her vergleichbar mit großen Walnüssen oder kleinen Clementinen, im Idealfall mit roter Schale)

375 ml »Grünes Zwiebel-Hummus« (Seite 94)

1 Frühlingszwiebel, in feine Streifen geschnitten, zum Garnieren

1 Prise geräuchertes Paprikapulver, zum Garnieren

Die gefüllten Drillinge sehen nicht nur wunderbar aus, sondern schmecken auch köstlich als Vorspeise oder Hauptgang eines Menüs. Achten Sie darauf, wirklich kleine Kartoffeln zu nehmen. Und halten Sie sich zurück: Essen Sie nicht alles auf, ehe die Gäste kommen!

ZUBEREITUNG

1 Kartoffeln in einem großen Topf über ausreichend Wasser auf höchster Stufe etwa 20 Minuten dämpfen und anschließend mit kaltem Wasser abschrecken.

2 Die Kartoffeln jeweils mittig durchschneiden und mit einem Melonenausstecher oder scharfkantigen Teelöffel vorsichtig aushöhlen. (Herausgelöffelte Kartoffelmasse für einen Salat verwenden oder einfach naschen.)

3 Aushöhlungen mit Hummus füllen.

4 Die fertigen Kartoffeln auf einer schönen Platte anrichten und mit geräuchertem Paprikapulver bestreuen. (Dazu ein wenig Pulver zwischen die Fingerspitzen nehmen und gerade so viel aufstreuen, dass man die rote Farbe sehen kann.)

5 Mit grünen Zwiebelstreifen garnieren. Und wer es gern spielerisch mag, setzt jedem kleinen Kartoffelboot ein kleines Segel aus jungen Grünkohlblättern auf. Ahoi!

Jalapeño-und-Salsa-Muffins

12 MUFFINS

Die herzhaften Muffins haben schon häufig Eindruck gemacht.

ZUTATEN

100 g Zwiebeln, gewürfelt
1 Jalapeño, entkernt und gehackt
70 g Grünkohlblätter, in mundgerechte Stücke geschnitten
150 g Maiskörner, frisch oder tiefgefroren
50 g Maismehl
120 g helles Weizenmehl, glutenfreie Mehlmischung oder Hafermehl
1 TL Backsoda
125 ml ungesüßter Haferdrink
4 EL ungesüßtes Apfelmus
3 EL Ahornsirup
250 ml Salsa

ZUBEREITUNG

1 Ofen auf 200 °C vorheizen. Muffinblech mit Papierförmchen auslegen oder Silikonförmchen bereitstellen.

2 In einer Pfanne auf höchster Stufe Zwiebeln, Japaleño, Grünkohl und Mais etwa 5 Minuten ohne Fett garen. Wenn die Pfanne zu trocken wird, bei Bedarf 1 oder 2 TL Wasser zufügen. Zur Seite stellen.

3 In einer Mixschüssel beide Mehlsorten mit Backsoda vermischen. Haferdrink, Apfelmus und Ahornsirup zugeben und gut verrühren. Gekochtes Gemüse und Salsa unterziehen.

4 Teig gleichmäßig auf die Muffinförmchen verteilen und 25-28 Minuten backen.

5 Noch heiß verzehren.

Knoblauch-Kartoffelpüree

2-4 PORTIONEN, JE NACH APPETIT

ZUTATEN

6 große Kartoffeln
6 EL Würzhefeflocken
2 TL frischer Knoblauch, gehackt (2-3 Zehen)
500 ml Pflanzendrink Ihrer Wahl (wir bevorzugen ungesüßten Mandeldrink) oder Wasser
1 TL getrockneter Rosmarin
Schwarzer Pfeffer, frisch gemahlen
½ Rezept »Gekochter Grünkohl« (Seite 21) (optional, aber eine gute Ergänzung)

Sie werden nicht glauben, wie gut dieses Kartoffelpüree schmeckt, bis Sie es selbst probiert haben – und Sie werden erst recht nicht glauben, dass es weder Butter noch Milch enthält.
Nichts könnte an einem kalten Tag oder bei wirklich großem Hunger so tröstlich sein wie eine große Portion von diesem Kartoffelpüree! Genießen Sie es solo oder mit »Mommys Pilzsoße 2.0« (Seite 108), »Shiitake-Zwiebel-Soße« (Seite 107) oder »Cranberry-Salsa aus Down Under« (Seite 113). Geben Sie auch gern noch etwas grünes Gemüse hinzu – und übrigens: Wir schälen unsere Kartoffeln NIE!

ZUBEREITUNG

1 Kartoffeln in etwa 2,5 cm große Würfel schneiden und in einem großen Topf mit Wasser bedeckt kochen, bis sie weich sind. Abgießen, in eine große Schüssel geben und mit einem Kartoffelstampfer oder einer Gabel zerdrücken.

2 Würzhefeflocken, Knoblauch und ungesüßten Mandeldrink oder Wasser zugeben und alles zu einem glatten Püree zerstampfen. Sie werden mehr Flüssigkeit brauchen, als Sie zunächst meinen, weil die Würzhefeflocken viel aufsaugen. Bei Bedarf deshalb weitere Flüssigkeit zufügen.

3 Getrockneten Rosmarin einrühren und mit Pfeffer abschmecken. Kohl wie beschrieben zubereiten (Seite 21) und nach dem Abgießen in kleine, mundgerechte Stücke zerschneiden. Zu den Kartoffeln geben und sorgfältig unterziehen.

Zucchini au gratin

3-4 PORTIONEN

ZUTATEN

1 große Zucchini, gewürfelt (etwa 500 g)
1 große Zwiebel, gewürfelt
2-4 EL Würzhefeflocken

Größe und Anzahl der Zucchini aus unserem Garten überfordern uns in jedem Sommer aufs Neue. Besonders der August ist bei uns der typische Zucchini-Monat. Das leckere Gratin kommt deshalb um diese Zeit bei uns ziemlich häufig auf den Tisch. Es ist lecker und einfach zuzubereiten, vor allem aber führt es all die vielen, großen, gesunden August-Zucchini einer sinnvollen Verwendung zu.

ZUBEREITUNG

1 Bratpfanne auf höchster Stufe erhitzen und dabei so heiß werden lassen, dass ein hineingegebener Wassertropfen nicht verdampft, sondern wie eine Perle über den Pfannenboden rollt.

2 Zwiebelwürfel hineingeben und ständig wenden, bis sie weich und gut gebräunt sind. Dabei die Hitze langsam reduzieren.

3 Bei mittlerer Hitze Zucchiniwürfel zugeben und weiterbraten, bis sie gar sind.

4 2 EL Würzhefeflocken aufstreuen, kosten und bei Bedarf mit weiteren Würzhefeflocken nachwürzen. Warm servieren.

Geröstete neue Kartoffeln mit Soße

4-6 PORTIONEN

ZUTATEN

1, 25 g kleine, neue Kartoffeln (im Idealfall mit roter Schale)
2 TL getrockneter Rosmarin
1 EL getrockneter Thymian
1 EL Ahornsirup
125 ml Gemüsebrühe
1 Rezept »Mommys Pilzsoße 2.0« (Seite 108)

Servieren Sie die Kartoffeln allein, mit einem großen Salat oder mit »Blumenkohl-Steaks« (Seite 213). Sorgen Sie außerdem für reichlich »Mommys Pilzsoße 2.0« (Seite 108) oder »Shiitake-Zwiebel-Soße« (Seite 107).

ZUBEREITUNG

1 Ofen auf 180 °C vorheizen.

2 Kartoffeln in einen Bräter legen, Rosmarin, Thymian, Ahornsirup und Gemüsebrühe zugeben und die Kartoffeln mehrfach darin wenden, sodass sie von allen Seiten gut benetzt sind. 50 Minuten rösten, bis die Kartoffeln gar sind. Grillfunktion anstellen und Kartoffeln noch 10 Minuten bräunen. Allein oder mit »Mommys Pilzsoße 2.0« servieren.

Jens Kartoffelsalat mit frischem Dill

4-6 PORTIONEN

ZUTATEN

1,25 kg neue Kartoffeln, gekocht, abgekühlt und in Hälften oder Viertel geschnitten
2-3 Stängel Staudensellerie, gehackt
6 EL Apfelmus
4 EL Dijonsenf
1 Schalotte, fein gehackt
2 EL frischer Dill, gehackt (je nach Geschmack auch mehr oder weniger)
Schwarzer Pfeffer nach Geschmack

Eine gute Freundin von uns isst weder Obst noch Gemüse. Wirklich schockierend! Und vor allem besorgniserregend! Als wir einmal zu ihr kamen und sie uns mit diesem Kartoffelsalat begrüßte, war ich daher zugleich erstaunt und höchst entzückt. Sie sagte: »Ach, komm schon, Jane, krieg dich bloß wieder ein. Kartoffeln sind Knollen und Zwiebeln sind Zwiebeln. Mit Obst und Gemüse hat das nichts zu tun!« Der Dill in diesem Rezept stammt infolgedessen von mir. Etwas Grünes in ihrem Salat hätte Jen nicht zugelassen.

ZUBEREITUNG

Gekochte Kartoffeln in eine große Schüssel geben. In einer kleinen Schüssel Sellerie, Apfelmus, Senf und Zwiebeln gut vermischen. Mischung in die große Schüssel mit den Kartoffeln geben und vorsichtig unterheben. Zuletzt mit Dill und Pfeffer bestreuen und servieren.

Zebs geröstete Butternusskürbis-Medaillons

4-6 PORTIONEN

ZUTATEN

1 Butternusskürbis
Schwarzer Pfeffer, grob gemahlen
Kräuter-Gewürzmischung

Unser Sohn Zeb überraschte uns mit diesem ebenso einfachen wie köstlichen Gericht. Man kann davon einfach nie genug zubereiten! Wählen Sie einen möglichst länglichen Kürbis aus, denn diese haben weniger Samen.

ZUBEREITUNG

1 Ofen auf 200 °C vorheizen.

2 Ein Backblech mit Backpapier auslegen.

3 Mit einem Sparschäler gelbe Schale und weiße Unterschale vom Kürbis ablösen, bis nur noch orangefarbenes Fruchtfleisch zu sehen ist.

4 In 5-10 mm dicke Scheiben schneiden. (Zum Maßnehmen orientieren wir uns an der Dicke eines Bleistifts.)

5 In einer Schicht (also ohne Überlappung) auf dem Blech ausbreiten und mit Pfeffer und Kräuterwürze bestreuen.

6 Etwa 20 Minuten backen, bis die Medaillons gut gebräunt sind. Als Vorspeise oder farblich reizvolle Gemüsebeilage zu »Doppelt falschem Hasen« (Seite 172) servieren.

Texmex-Grünkohlchips

ALS SNACK FÜR 4 PORTIONEN

ZUTATEN

250 g »Selbst gemachtes Hummus« (Seite 94) oder fertiges tahini- und ölfreies Hummus
40 g Würzhefeflocken
1 EL Texmex-Gewürzmischung aus den folgenden Zutaten:
- *½ EL Chilipulver*
- *½ TL Knoblauchpulver*
- *½ TL Zwiebelpulver*
- *⅛ TL Paprikaflocken*
- *⅛ TL getrockneter Oregano*
- *½ TL gemahlener Kreuzkümmel*
- *¼ TL gemahlener schwarzer Pfeffer (nach Bedarf auch mehr)*

160 ml Wasser
200 g Grünkohlblätter, in mundgerechte Stücke gezupft

Unglaublich, welch weiter Verbreitung sich Grünkohlchips mittlerweile erfreuen! In der College-Mensa unserer Enkelin werden sie sogar schon als Standardbeilage zu frischen Sandwiches serviert! Das ist schon erstaunlich. Natürlich freuen wir uns darüber, sind uns aber auch darüber im Klaren, dass manchmal auch gar nicht so gesunde Dinge ihren Weg auf die Zutatenliste der Chips finden. Deshalb hier unser ganz und gar fettfreies, grünes Texmex-Grünkohlrezept für Sie!

ZUBEREITUNG

1 Ofen auf 120 °C vorheizen. (Falls Sie einen Dörrapparat oder einen Heißluftofen verwenden, mögliche Abweichungen mithilfe der Bedienungsanleitung klären.)

2 Zwei Backbleche mit Backpapier auslegen.

3 Hummus, Würzhefeflocken, Texmex-Würzmischung und Wasser in einer mittelgroßen Schüssel gründlich vermischen.

4 Grünkohlstücke in eine große Schüssel geben, mit der Soße begießen und gründlich darin wenden, sodass alle Grünkohlstücke rundherum gut mit Soße benetzt sind.

5 Grünkohlstücke nebeneinander (ohne Überlappen) auf die Backbleche verteilen. 90 Minuten im vorgeheizten Ofen backen und prüfen, ob schon alle Stücke knusprig sind. Stücke, die von unten noch feucht sind, vorsichtig wenden und eine Weile weiterbacken. Wenn alle Chips trocken und knusprig sind, Bleche aus dem Ofen nehmen.

Warme Laugenbrezeln

6 BREZELN

ZUTATEN

180 ml lauwarmes Wasser
1 Päckchen Trockenhefe
2 EL Ahornsirup
250 g Weizenvollkornmehl
60 g Hafermehl
2 TL Backsoda (für die Lauge, nicht für den Teig)
Würzhefeflocken, Mohn, Zwiebelflocken, Kümmel, Salz, Pfeffer oder Sesamsamen (für das Topping)

Ja, Sie haben richtig gelesen! Wenn wir die Großeltern Eric und Adrienne in Philadelphia besuchen, sind mein Mann und die Kinder ganz verrückt nach den großen Laugenbrezeln, die dort als besondere Spezialität noch warm an allen Straßenecken verkauft werden. Hier eine etwas gesündere Version dieser Lieblingsschmankerl. Noch warm mit Senfdip gelten sie in Philadelphia als besonders lecker. Dippen Sie sie deshalb auch ruhig einmal in unser »Süß-scharfes Senfdressing« (Seite 167).

ZUBEREITUNG

1 In einer Rührschüssel Wasser, Hefe, Ahornsirup und Mehl zu einem elastischen Teig verkneten.

2 Teig in 6 etwa gleich große Stücke teilen und zu Kugeln formen.

3 Schüssel mit einem feuchten Küchentuch abdecken und die Teigkugeln an einem warmen Ort mindestens 25 Minuten gehen lassen.

4 Ofen auf 200 °C vorheizen.

5 Ein Backblech mit Backpapier auslegen.

6 Bei großer Hitze einen Topf mit Wasser zum Kochen bringen und Backsoda einrühren.

7 Auf einer leicht bemehlten Fläche jeweils eine Teigkugel gut durchkneten, zu einer etwa 30 cm langen Schlange rollen und zu einer Brezel formen. (Natürlich können Sie auch jede andere Form wählen.) Brezel auf einen Schaumlöffel legen und etwa 10 Sekunden in die kochende Sodalauge tauchen. Herausnehmen und auf das Backblech setzen. Vorgang mit den restlichen Teigkugeln wiederholen.

8 Solange der Teig noch feucht ist, mit einem Topping Ihrer Wahl bestreuen.

9 Brezeln 12-15 Minuten backen.

Gebackene Zucchinitaler

ALS SNACK FÜR 2-3 PORTIONEN

ZUTATEN

2-3 kleine Zucchini, in etwa 8 mm dicke Scheiben geschnitten
30-40 g Würzhefeflocken
1-2 TL Texmex-Gewürzmischung (Seite 135)

Diese leckeren Taler entwickelten sich zu unserer Lieblings-Zucchiniwährung. Früher stapelten sich haufenweise nicht gegessene Zucchini aus unserem eigenen Garten und aus dem »Solawi«-Betrieb (»Solidarische Landwirtschaft«), der uns zusätzlich belieferte. Heute müssen wir regelrecht darum kämpfen, überhaupt noch Zucchini in der Küche behalten zu dürfen. Grund dafür ist die Beliebtheit dieser kleinen, knusprigen Taler!

ZUBEREITUNG

1 Ofen auf 200 °C vorheizen.

2 Ein Backblech mit Backpapier auslegen.

3 Zucchinischeiben in eine Schüssel mit Wasser legen.

4 Würzhefeflocken und Texmex-Würze in einer kleinen Schüssel mischen und die Hälfte auf einen flachen Teller schütten.

5 Zucchinischeiben von beiden Seiten in die Würzmischung drücken und nebeneinander auf das Backblech legen. (Eine Küchenzange verhindert klebrige Hände.) Ist die erste Hälfte verbraucht, den Rest der Würzmischung auf den Teller geben und wie beschrieben fortfahren.

6 30 Minuten backen, bis die Taler schön braun und knusprig sind. Am besten schmecken sie noch heiß aus dem Ofen!

»Tatties« und »Neeps«

4 PORTIONEN

ZUTATEN

500 g Kartoffeln, gewürfelt
500 g Steckrüben, geschält und gewürfelt
125 ml ungesüßter Mandel- oder Haferdrink
Frisch gemahlener schwarzer Pfeffer, nach Geschmack
4 EL Würzhefeflocken
4 EL Petersilie, gehackt
4 EL Schnittlauch, gehackt (optional)

Eine Wanderung durch die schottischen Highlands mag für eine Vegetarierin ziemlich gewagt erscheinen. Aber ich fand dieses Gericht und war gerettet! Zunächst musste ich allerdings über den Namen grinsen, denn die beiden Begriffe klangen in meinen Ohren nach den Slang-Ausdrücken, die meine Ex-Schülerinnen und -Schüler im Sexualkundeunterricht im 8. Schuljahr für verschiedene Teile des weiblichen Körpers verwenden würden ... In Wirklichkeit aber sind sie ganz harmlos: »Tatties« sind Kartoffeln und »Neeps« sind Rüben, genauer gesagt Steckrüben, die in manchen Gegenden Großbritanniens auch »Swedes« genannt werden.

ZUBEREITUNG

1 Steckrübenwürfel in einem Topf mit Wasser zum Kochen bringen und etwa 20 Minuten kochen, bis sie gar sind. Nach 5 Minuten Kochzeit Kartoffelwürfel zugeben und die letzten 15 Minuten mitkochen lassen. Gare Steckrüben- und Kartoffelwürfel abgießen und gut abtropfen lassen.

2 In den Kochtopf zurückgeben und mit einem Kartoffelstampfer oder einer Gabel zu einem glatten Brei zerdrücken, dabei Mandeldrink, Pfeffer und Würzhefeflocken einarbeiten. Zuletzt Petersilie und Schnittlauch unterziehen und noch heiß servieren.

Aloo Paratha – Indisches Fladenbrot mit Kartoffelfüllung

6 PORTIONEN

ZUTATEN

180 g Weizenvollkornmehl
160 ml Wasser
2 große Kartoffeln (oder Süßkartoffeln), gekocht und zerdrückt
¼ TL Kurkuma
¼ TL Kreuzkümmel
2 EL Limettensaft
¼ TL Garam Marsala
2 EL Frühlingszwiebeln, fein gehackt
1 EL Koriander, fein gehackt
»Birnen-Apfel-Chutney« (Seite 98) oder »Mango-Limetten-Salsa« (Seite 110).

In einer großen Familie in Mumbai aufgewachsen, schaute sich Darshana schon als Kind die Kochtricks ihrer Mutter und ihrer Tanten ab. Mit der ihr eigenen Kreativität bereitet sie heute die wunderbarsten rein pflanzlichen Gerichte zu. Wir hatten das große Glück, sie für einige Unterrichtsstunden in unsere Küche einladen zu dürfen, um uns von ihr in die Geheimnisse der indischen Küche einweihen zu lassen. Am meisten staunten wir darüber, wie einfach es war und wie viel Spaß es machte, all diese kleinen, gefüllten Überraschungen zuzubereiten, die wir an der indischen Küche so lieben! Das folgende Rezept verwendet eine traditionelle Aloo-Paratha-Füllung auf Kartoffelbasis. Später fanden wir heraus, dass sich aus gekochten Süßkartoffeln oder Hokkaido-Kürbissen ebenfalls leckere Füllungen herstellen lassen. Weil es mehr Gluten enthält und deshalb mehr Bindekraft besitzt als helles Mehl, ist für dieses Rezept Vollkornweizenmehl notwendig.

ZUBEREITUNG

1 In Vorbereitung des späteren Ausrollens ein großes Schneidebrett mit etwas Mehl bestreuen. Ein Nudelholz bereitlegen.

2 Mehl und Wasser mit dem Knethaken der Küchenmaschine zu einem Teig verarbeiten. Noch 30 Sekunden weiterkneten und dann kurz ruhen lassen.

3 Zerdrückte Kartoffeln in eine Schüssel geben. Mit dem Kartoffelstampfer Kurkuma, Kreuzkümmel, Limettensaft, Garam Masala, Frühlingszwiebeln und Koriander einarbeiten, bis eine glatte Masse entsteht.

4 Den Teig in 6 gleiche Portionen von der Größe einer kleinen, abgeflachten Kartoffel mit einem Durchmesser von etwa 4 cm aufteilen.

5 Eine Teigportion auf das bemehlte Schneidebrett legen, mit Mehl bestreuen und mit dem Nudelholz zu einem runden Fladen mit einem Durchmesser von etwa 10 cm ausrollen. 2 EL Kartoffelfüllung in die Mitte des Fladens geben und etwas flach drücken, sodass sie einen Durchmesser von etwa 5 cm hat.

6 Die Ränder des Fladens im Uhrzeigersinn Stück für Stück so nach innen klappen, dass sie sich in der Mitte treffen. (Von oben sieht der Fladen jetzt aus wie ein hübsches Faltportemonnaie.)

7 Das Gebilde nun mit dem Nudelholz erneut zu einem Fladen mit etwa 10 cm Durchmesser ausrollen.

8 Den Fladen in eine Pfanne geben und bei mittlerer Hitze braten, bis er von unten leicht braun wird und an der Oberfläche Blasen wirft. Umdrehen und die andere Seite braten, bis auch diese Blasen wirft. Wieder umdrehen und die Ränder mit einem Spatel so herunterdrücken, dass auch die Ränder vollkommen durchgaren können. Noch einmal umdrehen – ja, richtig gelesen! – und wieder die Ränder herunterdrücken. Zuletzt noch einmal auf beide Seite drehen und kurz braten lassen. (Insgesamt brät jede Seite also mindestens dreimal in der Pfanne.)

9 Diesen Vorgang mit allen 6 Teilbällchen wiederholen.

10 Am besten schmecken die gefüllten Fladen noch ganz heiß direkt aus der Pfanne. Köstlich dazu sind »Birnen-Apfel-Chutney« (Seite 98) oder »Mango-Limetten-Salsa« (Seite 110).

HERZHAFTE SALATE

OH, SALATE! Wunderbare Salate! Sie können ganz einfach und doch so köstlich – so zum Beispiel nichts als eine Schüssel mit Kopfsalat – oder unendlich variantenreich und trotzdem der BESTE Teil einer Mahlzeit sein. Und manchmal sind sie auch DIE Mahlzeit selbst!

Salate stehen bei uns zu jedem Essen auf dem Tisch. Manchmal kommt es aber auch vor, dass wir mittags auch »nur« einen Salat essen – mit vielen Bohnen und diversen Gemüsesorten obendrauf, damit er uns auch bis zum Abendessen gut satt hält. Suchen Sie sich ein Salatdressing, das Sie wirklich mögen, und schon wird es auch für Sie ganz einfach sein, von Salaten zu schwärmen.

Auch die Dressings können wirklich simpel sein – manchmal reicht schon Limettensaft oder ein edler Balsamessig völlig aus. Das Tolle am Salat ist außerdem, dass man jedes denkbare Gemüse, Bohnen oder auch Obst hineintun kann. Schauen Sie sich mit neuem Blick in Ihrem Kühlschrank um und haben Sie keine Scheu davor, kreativ zu werden.

Einmal saßen wir bei einem Mittagessen, das aus nichts weiter bestand als Fleisch, Käse und Sahnesoße – die einzige Ausnahme war eine Schüssel mit Spinat. Also füllte ich meinen Teller mit Spinat. Das angebotene Dressing bestand in erster Linie aus Sahne, aber es stand auch eine Schüssel mit Trauben auf dem Tisch, also verzierte ich meinen Spinat mit Trauben. Das war eine wunderbare Entdeckung! Jede Gabel voll Spinat krönte nun eine süße, saftige Traube. So wird man unterwegs manchmal zu unorthodoxen, aber letztlich guten Entscheidungen gezwungen. Und wenn Sie zu Hause sind, können Sie sich an jedem einzelnen Tag der Woche ein innovatives Dressing mixen.

Rucolasalat mit frischen Feigen

2-4 PORTIONEN

ZUTATEN

4 frische Feigen
80 g frischer Rucola
1 Orange
1 EL Feigen-Balsamessig (oder jeder andere Balsamessig Ihrer Wahl)

Dieser Salat ist SO köstlich! Frische Feigen gibt es bei uns im Frühsommer und dann noch einmal gegen Ende des Sommers bis in den Herbst hinein. Am besten schmecken sie, wenn sie gerade ein wenig weich sind. Ein guter Balsamessig, besonders einer mit Feige, schmeckt köstlich zu diesem Salat – und mehr braucht es auch schon gar nicht! Aber lassen Sie sich keinesfalls davon abbringen, diesen Salat zu machen, wenn Sie keinen Feigenessig haben – jeder Balsamessig ist dafür bestens geeignet.

ZUBEREITUNG

1 Ofen auf Grillfunktion stellen oder Tischbackofen benutzen.

2 Ein kleines Backblech mit Alufolie auslegen.

3 Feigen halbieren und mit der Schnittfläche nach unten auf das Blech legen. 2 Minuten lang grillen, umdrehen und weitere 2 Minuten von der anderen Seite grillen.

4 Feigenhälften herausnehmen und auf einem Schneidebrett in je 4 etwa gleich große Stücke schneiden.

5 Rucola waschen, in mundgerechte Stücke schneiden und in eine Salatschüssel geben. Die noch heißen Feigenstücke untermischen.

6 Orange halbieren. Mit einem scharfen Messer die Filets herausschneiden und den restlichen Saft über Rucola und Feigen ausdrücken.

7 Essig aufräufeln und alles gut vermischen. Servieren, solange die Feigen noch warm sind, und auf Komplimente wie »Hmmm, das schmeckt ja unheimlich köstlich!« gefasst machen.

Schwarzer Reissalat

6-8 PORTIONEN

ZUTATEN

350 g schwarzer Reis, gekocht
150 g gelbe Paprika, gewürfelt
200 g Cherrytomaten, halbiert
3 Frühlingszwiebeln, Weißes und Grünes, gehackt
100 g Rucola oder Spinat
2 Mangos, gewürfelt (½ Mango beiseitelegen)
1 Bund frischer Koriander
2 EL Balsamessig (bei Bedarf auch mehr oder weniger)

Diesen Salat machte ich zufällig zum ersten Mal, als ALLE unsere Kinder und Enkel aus nah und fern zum Essen da waren. Er sah so prächtig aus und schmeckte so gut, dass er sich innerhalb kürzester Zeit über das gesamte Familiennetzwerk verbreitete! Heute gehört er zu unseren besten schnell zubereiteten Alltagssalaten, ist aber auch ein echter Partyhit! Mein Schwiegersohn isst ihn nonstop mit »Mais-Tacos und -Tostados« (Seite 30). Auch mit braunem Reis gelingt er gut, sieht allerdings weniger spektakulär aus. Probieren Sie ihn einmal mit hellem Balsamessig, falls Sie welchen vorrätig haben – der Geschmack ist gleich, aber die schwarzen Reiskörner glänzen noch appetitlicher.

ZUBEREITUNG

1 Schwarzen Reis ein wenig abkühlen lassen und in eine große, breite Salatschüssel geben.

2 Paprika, Tomaten, Frühlingszwiebeln, Rucola oder Spinat, Mangowürfel und Koriander unterziehen.

3 Restliche halbe Mango und Balsamessig mit einem Pürierstab oder im Mixer glatt pürieren und vor dem Servieren über den Reissalat gießen und unterziehen.

Rote Bete mit Bete-Grün und Dijon-Dressing

2-4 PORTIONEN

ZUTATEN

4 Rote-Bete-Knollen mit etwa 100 g Bete-Grün (Stiele und Blätter)
100 g frische Shiitakepilze
2 Knoblauchzehen, gehackt
2 EL Dijonsenf
2 EL Wasser
1 TL Ahornsirup

Rote Bete und Senf! Unsere Schwiegertochter Polly brachte uns auf diese köstliche Kombination. Um aus diesem Salat eine sättigende Hauptmahlzeit zu machen, servieren Sie ihn auf gekochtem Dinkel oder Reis. Wenn Sie nicht genug Bete-Grün haben, ist Mangold ein guter und überdies ganz ähnlich aussehender Ersatz. Haben Sie es einmal eilig, lassen Sie einfach die Pilze weg und kochen die Blätter einige Minuten in wenig Wasser, bis sie weich sind, gießen sie ab und fahren fort wie unten beschrieben. Einen etwas spektakuläreren Auftritt verschaffen Sie diesem Salat, wenn Sie ihn in »Knusprigen Tortilla-Schälchen« (Seite 29) servieren. Alle werden beeindruckt sein!

ZUBEREITUNG

1 Bete-Grün dicht am Ansatz von der Knolle abschneiden. Knollen entweder in einem Kochtopf knapp mit Wasser bedeckt etwa 50 Minuten kochen oder in Alufolie eingeschlagen bei 220 °C etwa eine Stunde im Ofen backen, bis sie sich mit einer Gabel leicht einstechen lassen.

2 Knollen abkühlen lassen und Schale abziehen. Dieses Schälen macht uns besonders viel Spaß.

3 Rote-Bete-Knollen in runde Scheiben schneiden. (Sehr große Scheiben halbieren.) Zur Seite stellen.

4 In einer Pfanne bei mittlerer Hitze Knoblauch in wenig Wasser glasig dünsten, Shiitakepilze zugeben und mitgaren lassen. Bei Bedarf tröpfchenweise mehr Wasser zugeben.

5 Blätter und Stiele der Roten Bete gründlich waschen und in kleine, mundgerechte Stücke schneiden. Zu Knoblauch und Pilzen in die Pfanne geben und mitgaren, bis die Blätter zusammengefallen und die Stiele weich geworden sind.

6 Nun das Dressing anrühren: In einem kleinen Topf bei geringer Hitze Dijonsenf, Wasser und Ahornsirup verrühren und gut durchwärmen lassen. Das Dressing braucht nicht warm serviert zu werden. Auf Salattellern je eine Portion gekochte Blätter und Stiele anrichten. Eine Schicht Rote-Bete-Scheiben darüberlegen und alles mit dem Senfdressing beträufeln.

Französische Linsen mit Trauben und Minze

3-4 PORTIONEN

ZUTATEN

400 g Puy Linsen, gekocht
300 g rote Trauben, halbiert
4 EL Minzeblätter, gehackt
5 EL Petersilie, gehackt
2 EL guter Balsamessig

Die aus Frankreich stammenden grün-braunen Puy Linsen gelten als besonders bissfest und schmackhaft. In diesem Salat verbinden sie sich auf ideale Weise mit roten Trauben, frischer Minze, ein wenig Petersilie und einem edlen Balsamessig. Das ist auch schon alles, was dieser Salat zur Perfektion braucht. Sollten Ihnen die Linsen zu trocken sein, fügen Sie noch etwas mehr Essig hinzu.

ZUBEREITUNG

Gekochte Linsen, Trauben, Minze, Petersilie und Balsamessig in einer Schüssel vorsichtig verrühren und auf einem Bett aus Rucola- oder Spinatblättern (oder einem anderen grünen Blattgemüse Ihrer Wahl) servieren.

Grünkohl-Waldorfsalat

4 PORTIONEN

ZUTATEN

½ reife Banane
2 TL Obstessig
70 g Grünkohl, Stiele entfernt und Blätter in mundgerechte Stücke gezupft
2 Äpfel, gewürfelt
1 Stängel Staudensellerie, gewürfelt
80 g rote Trauben, halbiert
50 g Karotten, geraspelt
1 Prise Zimt

Dieses Rezept scheint DER Renner zu sein. In der gleichen Woche, in der eine Freundin uns erzählte, sie haben den Salat in Santa Fe, New Mexico, gegessen, bekamen wir ihn in einem tollen veganen Restaurant namens »Lovin' Spoonfull« in Tuscon, Arizona, serviert. Banane und Essig ergänzen sich hier auf wunderbare Weise. Natürlich haben wir noch etwas Grünkohl hineingeschmuggelt ...
Wir servieren das Ganze gern auf einem Bett aus Kopfsalat oder, wenn es etwas herzhafter und sättigender werden soll, auf einer Portion Vollkornreis.

ZUBEREITUNG

1 Banane und Essig im Mixer glatt pürieren.

2 Grünkohl in eine größere Schüssel geben. Die Bananenmischung über den Grünkohl gießen und mit den Händen gut einmassieren, bis der Grünkohl dunkler und weicher wird.

3 Äpfel, Sellerie, Trauben und Karotten unterheben und gut vermischen.

4 Mit Zimt bestreuen und gut gekühlt servieren.

Neustart-Salat

6-8 PORTIONEN

ZUTATEN

200 g Brokkoli, in winzige, erbsengroße Teile geschnitten
200 g Blumenkohl, ebenfalls sehr klein gehackt
200 g Karotten, fein geraspelt
3 Stängel Staudensellerie, sehr klein gehackt
1 Bund Petersilie, sehr fein gehackt
180 g Rosinen
180 ml frischer Zitronensaft
Schwarzer Pfeffer nach Geschmack
2 EL Sesamsamen, geröstet

Inspiriert wurde dieses Rezept von einem »Detox«-Salat im Whole Foods Market. Ich esse ihn unheimlich gern – nicht so sehr wegen seiner entgiftenden Eigenschaften, sondern wegen des Energieschubs, den er beim Essen verleiht. Aus diesem Grund nennen wir ihn »Neustart-Salat«!
Achten Sie darauf, alles wirklich sehr, sehr klein zu schneiden. Das ist bei diesem Salat der Schlüssel zum Erfolg. Er schmeckt toll mit dem aufgeführten Rosinen-Zitronen-Dressing und knabbert sich auch sehr gut von »Knusprigen Tortillachips« (Seite 30).

ZUBEREITUNG

1 In einer Salatschüssel Brokkoli, Blumenkohl, Karotten, Sellerie und Petersilie vermischen. In einer kleinen Schüssel Rosinen mit Wasser bedecken. Nach 5 Minuten Wasser abgießen und auffangen.

2 Für das Dressing Rosinen, Zitronensaft und 250 ml Rosinenwasser glatt pürieren. Mit Pfeffer abschmecken.

3 Rosinen-Zitronen-Dressing über das Gemüse gießen und gut vermischen.

4 Sesamsamen behutsam in einer trockenen Pfanne rösten, bis sie braun werden und duften. (Gut aufpassen, damit sie nicht anbrennen!) Samen auf den Salat streuen und sofort servieren.

Schwarze-Bohnen-Mais-Salat

8 PORTIONEN

ZUTATEN

2 Dosen schwarze Bohnen, abgegossen und abgespült
2 Tomaten, klein gehackt
480 g gefrorene Maiskörner, aufgetaut (oder Körner von 5 frischen Maiskolben)
480 g gefrorene, kleine Limabohnen, aufgetaut
1 Dose Artischockenböden, gewürfelt
1 Dose Wasserkastanien, in Scheiben geschnitten
4 Frühlingszwiebeln, gehackt
½ Zwiebel, gehackt
3 EL Zitronensaft und -zesten
3 EL Balsamessig

Die Mischung aus schwarzen Bohnen und Maiskörnern geht auf das indianische Traditionsgericht »Succotash« zurück. In unserer Familie gehört sie zu den absoluten Favoriten. Wir könnten sie zu jeder Mahlzeit des Tages essen, vor allem im Sommer! Dieses Rezept kombiniert viele der Dinge, die wir lieben: Limabohnen, schwarze Bohnen, Artischocken, Wasserkastanien – das passt alles einfach unheimlich gut zusammen. Artischocken sind bei uns zu besonderen Gelegenheiten beliebt. Und natürlich Balsamessig, ohne den wir nicht leben könnten! Dieser Salat lässt sich ganz einfach erweitern, indem man mehr Bohnen, Mais oder Tomaten zugibt. Seien Sie auch ruhig ein wenig abenteuerlustig und fügen Sie Zutaten aus Ihrem eigenen Garten hinzu.

ZUBEREITUNG

1 Schwarze Bohnen, Tomaten, Maiskörner, Limabohnen, Artischocken, Wasserkastanien, Frühlingszwiebeln und Zwiebeln in eine große Schüssel geben und gut vermischen.

2 Zitronensaft und -zesten mit Balsamessig verquirlen und unter den Salat ziehen.

Quinoa-Tabbouleh

6-8 PORTIONEN

ZUTATEN

350 g gekochte Quinoa
200 g Kirschtomaten, geviertelt
200 g Salatgurke, gewürfelt
420 g Kichererbsen aus der Dose, abgegossen und abgespült
2 Knoblauchzehen, fein gehackt
½ kleine rote Zwiebel, gewürfelt
2 Bund Petersilie, sehr fein gehackt
4 Zweige Minze, sehr fein gehackt
6 EL frischer Zitronensaft
½ TL schwarzer Pfeffer
3 EL heller Balsamessig
¼ TL Kreuzkümmel

In den 1970er-Jahren war Tabbouleh für uns noch das äußerst fremdartige Essen, das unser Yoga praktizierender Nachbar immer aß. Jetzt ist es ein Gericht, das wir ständig essen – und auch wir praktizieren inzwischen Yoga.

ZUBEREITUNG

In einer großen Schüssel gekochte Quinoa, Tomaten, Gurken, Kichererbsen, Knoblauch, Zwiebel, Petersilie, Minze, Zitronensaft, Pfeffer, Balsamessig und Kreuzkümmel gut miteinander vermischen und bis zum Servieren in den Kühlschrank stellen. Je länger der Salat durchziehen kann, desto besser können die verschiedenen Aromen miteinander verschmelzen. Auf einem Bett aus Kopfsalat oder einem anderen grünen Salat servieren – oder mit etwas Spinat in eine Pita-Tasche oder eine Taco-Schale zum Befüllen (Seite 30) geben und als Proviant mitnehmen!

Leichter Asia-Salat

4 PORTIONEN

ZUTATEN

165 g Chinakohl, fein geschnitten
1 reife Mango (je saftiger, desto besser), klein gewürfelt
2 TL frischer Ingwer, geraspelt
Saft und Zesten einer Limette

Leicht und bunt – ein sagenhafter Salat! Auf der Gabel wird es sofort Sommer …
Schmeckt köstlich mit »Sobanudeln Pazifik« (Seite 177).

ZUBEREITUNG

1 Kohl und Mango in einer Salatschüssel mischen.

2 In einer kleinen Schüssel Dressing aus Ingwer, Limettenzesten und -saft anrühren.

3 Dressing über Kohl und Mango gießen.

4 Mit den Händen vermischen, bis das Dressing gut verteilt ist.

5 Sofort servieren oder bis zum Verzehr kalt stellen.

»Massierter« Grünkohlsalat mit Mango und Limette

4-6 PORTIONEN

ZUTATEN

1 Bund Grünkohl, Stiele entfernt und Blätter in mundgerechte Stücke gezupft
4 EL »Selbst gemachtes Hummus« (Seite 94) oder fertiges, tahini- und ölfreies Hummus
½–1 Limette, Zesten und Saft (1 EL), bei Bedarf auch mehr oder weniger
1 Mango, gewürfelt
400 g gefrorene Maiskörner, aufgetaut
200-300 g Kirschtomaten, halbiert (gelbe, falls erhältlich)
1 gelbe Paprika, gewürfelt

Alle schwärmen von Grünkohlsalat, der mit Avocado so lange massiert wird, bis er weich ist. Unsere Schwiegertochter Anne Bingham hatte die Idee, statt Avocado Hummus zu verwenden – und gleich der erste Versuch war ein voller Erfolg! Es ist erstaunlich, wie eine kleine Massage Grünkohl verändern kann: Er wird dunkler, zarter und sehr viel einfacher zu kauen. Für eine schnellere Version dieses Salates können Sie Grünkohl mit Hummus und Zitrone massieren und zuletzt Kirschtomaten zugeben. Mango, Minze und Limette erschließen eine neue Geschmacksdimension.

ZUBEREITUNG

1 Grünkohlstiele entfernen. Blätter in mundgerechte Stücke zupfen (so klein, wie Ihre Geduld es erlaubt).

2 Grünkohlstücke in eine große Schüssel geben und das Hummus mit den Händen in den Grünkohl einmassieren, bis der Kohl deutlich weicher wird und rundum benetzt ist. Je mehr Sie massieren, desto zarter, dunkler und »essbarer« wird der Kohl.

3 Limettenzesten und -saft untermischen und bei Bedarf mehr Hummus oder Limettensaft zugeben.

4 Mango, Maiskörner, Tomaten und gelbe Paprikawürfel unterziehen. Hmmm – ein Champion!

Teds Spezialsalat

6 PORTIONEN

ZUTATEN

150 g gemischte Blattsalate
2 Karotten, in Scheiben geschnitten
1 rote Paprika, in dünne Streifen geschnitten
½ Salatgurke, in dünne Scheiben geschnitten
2 rotschalige Kartoffeln, gekocht und in Scheiben geschnitten
4 EL Himbeeren
1 kleiner Apfel, quer in dünne Scheiben geschnitten, sodass der hübsche Stern des Kerngehäuses in der Mitte zu sehen ist
60 g Rosinen
4 EL Kürbiskerne, geröstet (optional)

Teds Spezialdressing:
2-3 EL »Selbst gemachtes Hummus« Seite 94) oder fertiges tahini- und ölfreies Hummus
2 EL Essig (bei Bedarf auch mehr oder weniger)
1 EL Ahornsirup (bei Bedarf auch mehr oder weniger)
1 Spritzer Orangensaft

Jeder will so sein wie Ted: Er ist Künstler, Zimmermann, Umweltschützer, Museumspädagoge und zu alledem noch ein begnadeter Arzt. Auch wenn er ständig damit beschäftigt zu sein scheint, seine drei Kinder irgendwo hinzubringen oder abzuholen, schafft er an einem Tag mehr als drei andere Männer seiner Statur. Alles, was er anfasst, seine ganze Welt, sein Heim, seine Arbeit ist vielfältig, bunt und chaotisch – und macht ihm und allen in seinem Umfeld unheimlich viel Spaß. In seinem Kühlschrank sieht es genauso aus wie überall in seinem Haus. Wenn man in seiner Küche einen Salat zubereitet, kommt man sich vor, als hätte man einen Kurs mit dem Titel »Kunst mit Lebensmitteln« belegt. Die Vielfalt an grünen Gemüsesorten und Blattsalaten, frischen Beeren und Chilis in allen Größen und Farben ist unbeschreiblich. Dazu besitzt Ted noch eine einmalige Sammlung mit – gefühlt – einer Million verschiedenfarbigen Salatschüsseln und skurrilen Salatbestecken. Hier ein typischer Salat aus Teds Kochatelier.

ZUBEREITUNG

Blattsalate, Karotten, Paprika, Gurke, Kartoffeln, Himbeeren, Apfel, Rosinen und Kürbiskerne in einer attraktiven Schüssel vermischen. Dressing unterheben und mit einem originellen Salatbesteck servieren.

SALAT-DRESSINGS

NICHTS IST SCHWIERIGER ZU FINDEN ALS EIN SALAT-DRESSING, das man wirklich, wirklich mag! Auch bei uns hat es lange gedauert, aber wir haben eins gefunden, das uns so gut schmeckt, dass wir es fast täglich verwenden. Experimentieren Sie so lange, bis auch Sie Ihr Lieblingsdressing gefunden haben. Seien Sie geduldig und bleiben Sie zuversichtlich. Eines Tages wird es so weit sein und Sie werden nie wieder an die alten Zeiten zurückdenken wollen, als Sie noch Öl über Ihren Salat gekippt haben.

Die Dressing-Wende kam für uns, als ein Freund uns vor mehreren Jahren eine Flasche Schwarzen Johannisbeer-Balsamessig mitbrachte. Eine große Auswahl an guten Balsamessigen lässt Fans wie uns ins Schwärmen geraten – auch wenn es schwer ist, sich letztlich für eine Geschmacksrichtung zu entscheiden. Für viele Menschen liegt in diesen Essigen allein die Lösung aller Dressingfragen. Manche schwören auf Orange, andere auf Mandarine, Feige, Zitrone, Schwarze Johannisbeere oder Himbeere. Nicht nur im Online-Handel, sondern auch in vielen gut sortierten Lebensmittelläden sind heute hochwertige Balsamessige zu bekommen und einige bieten auch Verkostungen an. Praktischerweise gibt es die Essige auch oft in kleinen, handlichen Flaschen, die sich gut mitnehmen lassen, wenn man unterwegs ist und schnell ein gutes Dressing braucht.

Anns und Essys Lieblingsdressing

125 ML

ZUTATEN

2 EL »Selbst gemachtes Hummus« (Seite 94) oder fertiges, tahini- und ölfreies Hummus
2 EL Orangensaft (etwa von einer halben Orange)
2 EL Balsamessig
2 TL Senf der eigenen Lieblingssorte
1 TL frischer Ingwer, gerieben

Variation

1 EL Würzhefeflocken untermischen.

Ich verrate Ihnen jetzt ein Geheimrezept. Meine Eltern verwenden dieses Dressing wirklich jeden Tag. (Manchmal glaube ich schon, dass es statt Blut durch ihre Adern fließt …) Aber ich verrate es gern, weil ich die große Hoffnung hege, dass es Ihnen hilft, Ihr eigenes Lieblingsdressing zu finden – denn genau das ist der Schlüssel zum echten, grenzenlosen Salatgenuss. Finden Sie ein Rezept, das Ihnen so richtig gut schmeckt, und rühren Sie es in rauen Mengen an. Stellen Sie es zu Hause, bei der Arbeit und meinetwegen sogar bei Ihren Schwiegereltern in die Kühlschranktür – dann haben Sie es immer zur Hand!

ZUBEREITUNG

In einer kleinen Schüssel Hummus, Orangensaft, Balsamessig, Senf und Ingwer mit einer Gabel verquirlen. Unter den Salat ziehen und genießen.

Geburtstagsdressing

125 ML

ZUTATEN

4 EL geröstete Sesamsamen (gut aufpassen, dass sie nicht anbrennen – mir passiert das leider immer wieder!)
3 EL Balsamico-Creme
2 EL Senf Ihrer Wahl
Saft einer halben Limette

Mein Mann und mein Vater haben kurz hintereinander Geburtstag. Party und Festessen legen wir deshalb immer zusammen. Beim letzten Mal rührte ich dieses Dressing an und meinem Vater schmeckte es so gut, dass er tatsächlich alles auf seinem Teller damit beträufelte.

ZUBEREITUNG

1. Sesamsamen in einer trockenen Pfanne rösten. (Gut aufpassen, damit nichts anbrennt.)
2. In einer Schüssel Balsamico-Creme, Senf und Limettensaft verrühren.
3. Sesamsamen einrühren und servieren.

Ingwer-Zitronen-Dressing

ETWA 500 ML

ZUTATEN

1 Dose Cannellini-Bohnen, abgegossen und abgespült
1 EL Kapern, abgetropft und abgespült
1 große Knoblauchzehe, gehackt
2 EL Zitronensaft und -zesten
1 EL frischer Ingwer, gehackt
4 EL Balsamessig
6 EL Wasser
Pfeffer nach Bedarf

Cremig, köstlich und zitronig – was könnten wir uns mehr von einem Salatdressing wünschen? Wer sein Dressing lieber hell mag, wählt einen hellen Balsamessig. Für ein tolles zusätzliches Zitronenaroma kann auch ein Zitronen-Balsamessig sorgen. Alle Arten von weißen Bohnen passen gut, mit Cannellini wird die Soße jedoch am glattesten. Kombinieren Sie dieses Dressing mit »Teds Spezialsalat« (Seite 157) oder mit jedem anderen grünen Salat.

ZUBEREITUNG

Bohnen, Kapern, Knoblauch, Zitronensaft, Zitronenzesten und Ingwer mit einem Pürierstab oder im Mixer glatt pürieren. Balsamessig und Wasser zugeben und noch einmal durchmixen. Mit Pfeffer abschmecken.

Rosinen-Zitronen-Dressing

625-750 ML

ZUTATEN

180 g Rosinen
180 ml Zitronensaft
Schwarzer Pfeffer nach Bedarf

Eine süße Überraschung, die sich auf unserem »Neustart-Salat« (Seite 153) besonders gut macht. Gleichzeitig tun Sie mit diesem leckeren Dressing auf Rosinenbasis gleich etwas für Ihren Eisenwert.

ZUBEREITUNG

1 In einer kleinen Schüssel die Rosinen in heißem Wasser einweichen. Nach fünf Minuten abgießen und das Wasser auffangen. (Sie werden es noch brauchen.)

2 Rosinen mit dem Zitronensaft und 250 ml vom Einweichwasser in einen Mixer geben und glatt pürieren. Mit Pfeffer abschmecken. Lecker!

Dressing »Scharfe Sachen«

180 ML

ZUTATEN

25 g Würzhefeflocken
125 ml Salsa
½ TL Chilipulver
¼ TL rote Paprikaflocken
¼ TL Knoblauchpulver
½ TL Zwiebelpulver
4 EL Wasser
1 Prise Cayennepfeffer

Ein Dressing, das aus einem Salat gleich so etwas wie eine Mahlzeit macht. Es ist nahrhaft, sättigend und hat reichlich Feuer. Vorsicht, Brandgefahr! Probieren Sie es mit »Gekochtem Grünkohl« (Seite 21) oder einem Spinatsalat Ihrer Wahl.

ZUBEREITUNG

In einer Schüssel Würzhefeflocken, Salsa, Chilipulver, rote Paprikaflocken, Knoblauch- und Zwiebelpulver, Wasser und Cayennepfeffer gut vermischen und unter grünes Blattgemüse mischen. (Menge an Cayennepfeffer und Würzhefeflocken dem individuellen Geschmack anpassen.)

Zitrus-Salatdressing

80 ML

ZUTATEN

3 EL frischer Orangensaft
Zesten und Saft einer Limette
1-2 TL Ahornsirup
6 Minzblätter, zusammengerollt und in sehr feine Streifen geschnitten (»Chiffonade«-Schnitt)

Ein schönes Sommerdressing – so leicht und so frisch! Ich verwende es für alle Blattsalate. Besonders gut schmeckt es zu einem grünen Salat mit frischen Himbeeren und Orangenfilets.

ZUBEREITUNG

Orangensaft, Limettenzesten und -saft, Sirup und Minze in einer Schüssel mit einem Schneebesen verquirlen.

Susies Cuke-Dressing

500 ML

ZUTATEN

½ Salatgurke mit Schale
2 Knoblauchzehen
⅛ TL Pfeffer
1 TL Dijonsenf
2 EL Zitronensaft
12 EL »Selbst gemachtes Hummus« (Seite 94) oder fertiges, tahini- und ölfreies Hummus
4 EL brauner Reisessig
1 EL weißer Balsamessig

Meine Schwester Susan Crile ist nicht nur eine herausragende Künstlerin, sondern auch eine äußerst kreative Köchin. Das von ihr erdachte Gurkendressing gehört zu unseren Favoriten – sie hat es wirklich perfektioniert. Außerdem ist es ganz leicht und passt hervorragend zu allen grünen Blattsalaten!

ZUBEREITUNG

Gurke, Knoblauch, Pfeffer, Senf, Zitronensaft, Hummus, Reisessig und Balsamessig in einen Mixer geben und glatt pürieren. Frisch servieren oder, falls notwendig, im Kühlschrank aufbewahren.

Janes 3:2:1-Dressing

80 ML

ZUTATEN

3 EL Balsamessig
2 EL Senf Ihrer Wahl
1 EL Ahornsirup
Saft einer Zitrone
1 Prise weißer Pfeffer (optional)

Die Mischung der Grundzutaten im Verhältnis 3:2:1 ist der Schlüssel zum Erfolg dieses Dressings. Die Zugabe weiterer Aromen – wie in diesem Fall des Zitronensafts – sorgt für Abwechslung. Ein echter Hit! Hier meine bei Weitem liebste Version.

ZUBEREITUNG

Balsamessig, Senf, Ahornsirup, Zitrone und weißen Pfeffer in einer kleinen Schüssel mit einem Schneebesen verquirlen und zu Salat oder gekochtem Gemüse servieren.

Mango-Dressing

250 ML

ZUTATEN

1 Mango, geschält, und grob gewürfelt
4 EL (bevorzugt heller) Balsamessig

Dieses Dressing ist absolut köstlich und kinderleicht herzustellen. So manchem Salat verleiht es genau die richtige Süße.

ZUBEREITUNG

Mangowürfel und Essig in einen Mixer geben und glatt pürieren. Damit das Dressing sein wunderschönes Orange behält, wenn irgend möglich hellen Balsamessig verwenden.

Lemonette

60 ML

ZUTATEN

2 EL Zitronensaft
Zesten einer halben Zitrone
2 EL heller Balsamessig
Frisch gemahlener schwarzer Pfeffer nach Geschmack

Eine Vinaigrette auf Zitronenbasis, die meiner großen Vorliebe für frische Zitrusfrüchte sehr entgegenkommt und zu allem hervorragend schmeckt. Wir mögen sie besonders gern zu mit Hummus massiertem Grünkohl. Die Idee stammt von J. P. Laobucci, Chefkoch bei Martini Modern Italian in Columbus, Ohio. Ein guter heller Balsamessig ist für das Gelingen wichtig.

ZUBEREITUNG

In einer kleinen Schüssel Zitronensaft und -zesten, Balsamessig und schwarzen Pfeffer vermischen. Gut rühren und sich auf den ultimativen Frischekick freuen!

Süß-scharfes Senfdressing

250 ML

ZUTATEN

125 ml ungesüßter Haferdrink
½–1 TL Cayennepfeffer
4 EL Dijonsenf oder scharfer brauner Senf
4 EL Ahornsirup

Manchmal bringen Freunde die leckersten Speisen mit und man fragt sich, warum man sich beim Kochen solche Mühe gibt, wenn alles, was die Gäste mitbringen, so fantastisch schmeckt. Einer unserer Freunde hatte zum Beispiel einmal dieses Dressing dabei und ich bin seitdem nicht müde geworden, es auf alles zu träufeln, was mir in die Quere kommt, auf Salate ebenso wie auf Körner und gekochtes Gemüse. Auch als Dip für meine »Warmen Laugenbrezeln« (Seite 137) hat es sich hervorragend bewährt. Also aufgepasst allerseits: Hier kommt etwas ganz besonders Gutes!

ZUBEREITUNG

Haferdrink, Cayennepfeffer, Senf und Ahornsirup in eine Schüssel geben, gut verrühren und servieren.

Himbeer-Dressing

FÜR ETWA 250 ML

ZUTATEN

150 g Himbeeren, frisch oder gefroren und aufgetaut
4 EL Obstessig oder heller Balsamessig
2 Knoblauchzehen, gehackt
1 EL Dijonsenf
6–8 rote Trauben
⅛ TL Pfeffer

Meine Mom hat ein Faible für Himbeeren. In ihrem Kühlschrank oder ihrem Tiefkühler findet man immer welche, ob frisch oder tiefgefroren, und es vergeht selten ein Tag, an dem sie Himbeeren nicht doch noch irgendwie in den Speiseplan einbaut. Wir finden dieses Dressing so köstlich, dass wir es am liebsten direkt aus der Schüssel löffeln würden. Probieren Sie es auf gemischten Blattsalaten mit Orangenscheiben.

ZUBEREITUNG

Himbeeren, Essig, Knoblauch, Senf, Trauben und Pfeffer in einen Mixer geben und glatt pürieren. Auf Salaten, gekochtem Gemüse oder ruhig auch einmal zu einem Dessert servieren.

HAUPTGERICHTE

JETZT WIRD ES ZEIT FÜR DIE HAUPTSACHE. Dazu verraten wir Ihnen aber erst einmal ein Geheimnis: Die Hauptspeise einer Mahlzeit kann ruhig etwas ganz Einfaches sein, wie eine gebackene Kartoffel oder Süßkartoffel mit bunten Gemüsebeilagen oder Salaten. Auch ein paar frische Maiskolben machen sich prächtig, wenn sie gerade Hochsaison haben, und dazu schmeckt ein köstlicher Kartoffelsalat (zum Beispiel »Jens Kartoffelsalat mit frischem Dill«, Seite 133). Wir machen selten viel Aufhebens um alle Teile einer Mahlzeit. Eine schlichte Hauptspeise kann als »ruhender Pol« sehr wohltuend wirken.

Unser Lieblingsgericht ist Reis mit Bohnen und natürlich geben wir Ihnen dafür gern unser Leib- und Magenrezept. Aber vielleicht möchten Sie auch einmal eine raffiniertere Hauptspeise zubereiten oder etwas ganz Besonderes kochen, um Ihre Gäste zu beeindrucken (obwohl alle unsere Gäste von Reis und Bohnen begeistert sind!). Wenn man die nötige Zeit hat, gibt es wohl kaum etwas Schöneres, als ein Essen zu zaubern, das toll aussieht und auch noch köstlich schmeckt. Wählen Sie deshalb nach Lust und Laune aus! Hier kommen unsere Lasagnen und Bohnengerichte, Nudelspezialitäten und Pizzen, Pastas, Burritos, Dals, Burger, gefüllte Gemüse und vieles mehr. Übernehmen Sie das Feintuning, indem Sie Zutaten hinzufügen, die Sie besonders gern mögen, und andere weglassen, die bei Ihnen nicht so hoch im Kurs stehen. Denken Sie nur daran, immer etwas Grünes mit einzubauen!

Am allerwichtigsten aber ist für uns die Erkenntnis, dass man gut und zugleich einfach essen kann. Wenn Sie etwas finden, das Sie mögen, bringen Sie es oft auf den Tisch. Schaffen Sie gute Gewohnheiten – Abwechslung sollte kein Selbstzweck sein! Wirklich entscheidend ist eigentlich nur, dass Sie entdecken, was eine vollwertige, rein pflanzliche Ernährung ohne zusätzliches Öl für Sie, Ihr Wohlbefinden und Ihre Gesundheit alles tun kann.

Dreistöckige Lasagne

1 LASAGNE, ETWA 4 PORTIONEN

ZUTATEN

1 große Zwiebel (200-300 g), gewürfelt
2 Knoblauchzehen, gehackt
2 mittelgroße grüne Zucchini (300-400 g), in Scheiben geschnitten
1 mittelgroße gelbe Zucchini (150-200 g), in Scheiben geschnitten
500 g Pilze, in Scheiben geschnitten
50 g Spinat (falls gefroren, vorher aufgetaut)
100 g Chinakohl, in Streifen geschnitten
1 EL getrockneter Thymian
1 EL getrockneter Oregano
1 TL Knoblauchpulver
3 mittelgroße Süßkartoffeln, gekocht, geschält und zerdrückt
¼ TL Muskatnuss, gemahlen
2-2,25 l fettarme Pastasoße oder »Tomatensoße leicht und schnell« (Seite 118)
2 Packungen Vollkorn-Lasagneplatten, ungekocht
25 g Würzhefeflocken
3-4 Pflaumentomaten, quer in Scheiben geschnitten.

Nichts macht satter und zufriedener als eine Lasagne. Unsere dreistöckige Kreation mit rein pflanzlicher Füllung lädt zum herzhaften Schlemmen ein. Legen Sie los und folgen Sie beim ersten Mal unseren Anweisungen. Beim nächsten Mal haben Sie dann schon den Bogen raus, können eigenständig entscheiden, welche Füllung in welche Etage kommt, und natürlich auch neue Füllungen erfinden! Die Lasagne wäre ebenso lecker mit Auberginen, Grünkohl, Brokkoli, Paprika und vielen anderen Gemüsesorten – die Möglichkeiten sind grenzenlos! Eine Lasagne lässt sich außerdem sehr gut schon im Voraus vorbereiten und schmeckt am nächsten Tag – oder, wie manche behaupten, auch am übernächsten Tag – sogar noch viel besser!

ZUBEREITUNG

1 Ofen auf 180 °C vorheizen.

2 In einer trockenen Pfanne bei großer Hitze Zwiebeln und Knoblauch unter ständigem Rühren glasig dünsten. (Wasser zugeben, falls die Pfanne zu trocken wird.) Hitze herunterschalten, grüne und gelbe Zucchini, Pilze, Spinat, Chinakohl, Thymian und Oregano zugeben und weiterdünsten, bis alles gar ist. Beiseitestellen.

3 In einer Schüssel zerdrückte Süßkartoffel mit Muskatnuss glatt rühren.

4 Lasagne zusammenstellen: ››››

5 Den Boden einer Auflaufform mit Tomatensoße bedecken, darüber eine Schicht Nudelplatten legen. Auf den Nudeln die Hälfte des gegarten Gemüses ausbreiten und darüber eine weitere Schicht rote Soße geben. Darauf folgt wieder eine Schicht Nudeln, anschließend eine Schicht Süßkartoffelbrei. Nun wieder zuerst mit Soße und einer weiteren Schicht Nudeln beginnen. Es folgt die zweite Hälfte Gemüse aus der Pfanne und eine Schicht rote Soße. Schließlich die letzte Schicht Nudeln auflegen und mit einer Schicht Soße enden. Tomatenscheiben in einem hübschen Muster so auf die rote Soße legen, dass sie die gesamte Oberfläche bedecken. Zuletzt eine dicke Schicht Würzhefeflocken auf die gesamte Oberfläche streuen.

6 Mit Folie abdecken und 45 Minuten backen. Folie abnehmen und weitere 15 Minuten backen, damit die Oberfläche schön braun werden kann.

Doppelt falscher Hase

2 KASTENFORMEN – ETWA 8 PORTIONEN

ZUTATEN

1 große Zwiebel, gehackt
3 große Knoblauchzehen, gehackt
250 g Pilze, in Scheiben geschnitten
½ Jalapeño, entkernt und gewürfelt
250 g Zucchini, gewürfelt
100 g Karotten, geraspelt
½ rote Paprika, gewürfelt
1 Tomate, gewürfelt
200 g Spinat oder ein anderes grünes Gemüse Ihrer Wahl (wie Mangold, Blatt- oder Grünkohl)
½ Bund Koriander oder Petersilie, fein gehackt
½ TL schwarzer Pfeffer (genaue Menge nach Geschmack)
½ TL weißer Pfeffer (genaue Menge nach Geschmack)
1 TL Kräuterwürze ohne Salz
450 g Cannellini oder andere weiße Bohnen aus der Dose, abgegossen und abgespült
200 g grobe Haferflocken
125 ml Salsa
250 ml Barbecue-Soße oder Ketchup (möglichst ohne Zucker)

Wir alle lieben dieses Gericht. Es schmeckt sehr ähnlich wie ein aus Hackfleisch hergestellter »Falscher Hase«, deshalb haben wir einen Namen gewählt, der die doppelte »Fälschung« verrät.
Ich hatte einen großen Topf mit weißen Bohnen und einen Kühlschrank voller Grünzeug aufzubrauchen, als ich mir das Rezept ausdachte.
Mit Blattsalat und Tomaten in Scheiben auf einem Vollkornbrot platziert (aufpassen, dass es nicht aufweicht!), oder in einer Antihaft-Pfanne ohne Öl aufgebraten, schmeckt der rein pflanzliche »Hase« auch noch am nächsten Tag zum Mittag- oder Abendessen.

ZUBEREITUNG

1 Ofen auf 180 °C vorheizen.

2 Zwiebeln in einer Antihaft-Bratpfanne einige Minuten bei mittlerer Hitze dünsten, bis sie weich sind. (Sollte die Pfanne zu trocken werden, ein wenig Wasser hinzufügen.)

3 Knoblauch, Pilze, Jalapeño, Zucchini, Karotten, rote Paprika und Tomaten zugeben und unter häufigem Rühren weitere 5-8 Minuten dünsten, bis die Zucchini weich sind.

4 Spinat zur Gemüsemischung geben und weitergaren, bis die Blätter weich sind und zusammenfallen. (Mangold wird schnell weich, Blatt- und Grünkohl brauchen ein paar Minuten länger.) Koriander oder Petersilie, schwarzen und weißen Pfeffer sowie Kräuterwürze unterziehen.

5 In einer mittelgroßen Schüssel Bohnen, Haferflocken und Salsa zusammenrühren. Gemüsemischung zugeben und gut vermischen. Bei Bedarf mit den Händen weiterkneten und dabei auch einige der Bohnen zerdrücken. Wenn das Ganze schön klebrig ist und wie eine Art Mörtel zusammenhält, ist es bereit für die Kastenformen.

6 Die Böden beider Kastenformen mit je 4 EL (oder etwas weniger) Barbecue-Soße oder Ketchup bedecken und jeweils die Hälfte der Gemüse-Bohnenmischung einfüllen. Oberfläche leicht glatt drücken und mit einer weiteren Schicht Barbecue-Soße oder Ketchup bestreichen.

7 Eine Stunde backen und anschließend etwas abkühlen und setzen lassen. (Anschließend lässt es sich dann gleich VIEL besser schneiden.)

8 Warm mit Grünzeug und einem Lächeln servieren!

Dreifach gekröntes Paprika-Risotto

4 PORTIONEN

ZUTATEN

450 g Risottoreis (Rundkornreis, der beim Kochen schön weich und cremig wird)
1 l Gemüsebrühe
1 Zwiebel, gewürfelt
3-4 Knoblauchzehen, gehackt
250 g Pilze, in Scheiben geschnitten
1 Rezept »Geröstete rote Paprika« (Seite 22), abweichend allerdings jetzt rote, gelbe und orangefarbene Paprika verwenden
100-150 g Grünkohl, Stiele entfernt, Blätter in Stücke gezupft und gekocht

Dieses schöne Reisgericht ersann ich zufällig zu der Zeit, als ein Rennpferd gerade im Begriff war, durch den Gewinn aller drei klassischen Rennen die »Dreifache Krone« des Rennsports zu erringen. Leider gelang es dem Pferd dann letztlich doch nicht. Dieses schmackhafte, farbenfrohe Gericht jedoch gehört auf jeden Fall aufs Siegertreppchen! Die drei Paprikafarben auf dem Risotto wirken wahrhaft königlich, darum nannte ich es »Dreifach gekröntes Paprika-Risotto«!

ZUBEREITUNG

1 In einem Reiskocher oder auf dem Herd Reis mit Gemüsebrühe (nicht Wasser), Zwiebel, Knoblauch und Pilzen nach Packungsangabe zubereiten und anschließend noch 1-2 Minuten rühren, was ihn noch weicher und cremiger – eben zum Risotto – macht.

2 Den Reis entsprechend der Anzahl der gewünschten Portionen in kleine Schüsseln oder Teetassen drücken. (Nach dem Stürzen dieser Formen bildet er dann schöne, thronartige »Köpfe« zum Tragen der Paprikakronen.)

3 Geröstete rote, gelbe und orangefarbene Paprika zubereiten.

4 Zum Servieren auf jeden Teller ein Bett aus gekochten Grünkohlblättern ausbreiten. Je eine Schüssel oder Tasse mit dem Risotto darauf stürzen und mit den farbstarken Paprikastreifen krönen.

5 Mit einem Salat und gedämpftem Brokkoli servieren und königlich verspeisen!

Rotes Thai-Curry-Gemüse auf braunem Basmatireis

6-8 PORTIONEN

ZUTATEN

250 g Pilze, in Scheiben geschnitten
1 große Zwiebel, in Scheiben geschnitten
2 Köpfe Brokkoli, in Röschen geteilt
1 rote Paprika, gewürfelt
2 Karotten, in dünne Scheiben geschnitten
500 ml ungesüßter Haferdrink
1 TL Kokosnussextrakt
1 EL Ahornsirup
2-3 TL grüne (oder rote) fettfreie Currypaste
350 g brauner Basmatireis, nach der Anweisung auf der Packung gekocht
6-8 Blätter Thai-Basilikum, fein gehackt

ZUBEREITUNG

1 In einer großen Bratpfanne auf höchster Stufe Pilze und Zwiebeln garen, dabei allmählich die Hitze reduzieren. Brokkoli, rote Paprika und Karotten zugeben, Deckel auflegen und das Gemüse bissfest garen (etwa 5 Minuten).

2 In einem Kochtopf bei mittlerer Hitze Haferdrink, Kokosnussextrakt, Ahornsirup und Currypaste verrühren, bis alles gut vermischt und durchgewärmt ist. Über das gegarte Gemüse gießen und auf gekochtem braunem Basmatireis mit einer Garnitur aus Thai-Basilikum sowie einem Salat und gekochtem Grünkohl als Beilage servieren.

Sobanudeln »Pazifik«

8 PORTIONEN

ZUTATEN

250 g Mangoldblätter ohne Stiele, in lange, 0,8 cm breite Streifen geschnitten
500 g Buchweizen- oder Vollkornweizen-Sobanudeln, nach Anweisung auf der Packung gekocht
1 rote Paprika, gewürfelt
2-3 Frühlingszwiebeln, gehackt
1 große Karotte, geraspelt
1 EL Ingwer, geraspelt
6 EL natriumarme Tamari-Sojasoße
4 EL Ahornsirup
3 EL Reisessig

Sobanudeln (japanische Buchweizennudeln) sind bei allen Mitgliedern unserer Familie sehr beliebt, und zwar sowohl warm als auch kalt! Für uns ergibt dieses Rezept ein tolles warmes Abendessen und am nächsten Tag gleich noch ein sättigendes, kaltes Mittagessen. Im Sommer kochen wir es gern, wenn Gäste kommen. Und natürlich sind alle Endothelzellen beglückt, wenn sie Sobanudeln auf einem Mangoldbett serviert bekommen!

ZUBEREITUNG

1 In einem Topf mit etwa 5 cm Wasser Mangoldstreifen kochen, bis sie dunkelgrün und weich sind. Abgießen und zur Seite stellen.

2 In einer großen Schüssel gekochte Sobanudeln mit Paprika, Frühlingszwiebeln und Karotten gut vermischen.

3 In einer kleinen Schüssel Ingwer, Tamari-Sojasoße, Ahornsirup und Reisessig verquirlen und über die Nudeln gießen. Zum Servieren einige Löffel gekochte Mangoldstreifen auf den Boden je eines Suppentellers geben und die Sobanudelmischung darüber geben.

Geröstetes Wurzelgemüse

4 PORTIONEN

ZUTATEN

1 große Zwiebel, gewürfelt
300 g Kartoffeln, gewürfelt
300 g Süßkartoffeln, gewürfelt
150 g Herbstrübe, gewürfelt
150 g Steckrübe, gewürfelt
2 Rote Bete, gewürfelt
1 Pastinake, gewürfelt (optional)
1 Sellerieknolle, gewürfelt (optional)
1 TL getrockneter Rosmarin
1 TL getrockneter Thymian
½ TL Knoblauch, gehackt

An einem regnerischen Herbsttag in Cleveland, Ohio, kann gar nichts schöner duften als langsam im Ofen garendes Wurzelgemüse. Weil es dafür eine ganze Weile braucht, gibt es viel Zeit, um noch ein paar Besorgungen zu machen, ein kleines Schläfchen einzulegen oder ein paar leckere Beilagen zuzubereiten. Der Schlüssel zum Erfolg liegt darin, es einfach auszuprobieren. Experimentieren Sie auch ruhig einmal mit anderem Wurzelgemüse wie Roter Bete, Süßkartoffeln, Pastinake, Herbstrüben, Steckrüben, Meerrettichwurzeln oder Sellerieknollen. Denken Sie nur daran, das Resultat mit einem großen Salat und »Gekochtem Grünkohl« (Seite 21) zu servieren.

ZUBEREITUNG

1 Ofen auf 180 °C vorheizen.

2 In einem Bräter oder einer großen Auflaufform Zwiebel, Kartoffeln, Süßkartoffeln, Herbstrübe, Steckrübe und Rote Bete sowie Pastinake und Sellerieknolle (optional) ausbreiten. Thymian, Rosmarin und Knoblauch zugeben und mehrfach wenden, bis alles gut verteilt ist. Mit Alufolie abdecken und eine Stunde rösten. Noch warm mit einem großen Salat und gedämpftem Blattgemüse servieren.

Kartoffelboote mit Grünkohldeck

12 KARTOFFELN

ZUTATEN

6 mittelgroße Kartoffeln
1 große Gemüsezwiebel
1 Bund Grünkohl, Stiele entfernt und gehackt
1 TL Zitronenpfeffer
5 EL Würzhefeflocken
250 ml ungesüßter Mandeldrink
1 EL Zwiebelpulver
1 EL Knoblauchpulver
1 EL Balsamessig
1 Prise Cayennepfeffer
½–1 TL schwarzer Pfeffer
3 Frühlingszwiebeln, gehackt
400 g gefrorene Maiskörner, aufgetaut
½ rote Paprika, gewürfelt
Paprikapulver (auf Wunsch geräuchert)

Die gefüllten Kartoffeln sind äußerst beliebt, sehen toll aus und schmecken köstlich. Sie machen gut satt und tragen uns zuverlässig viele Stunden auch über die raueste See. Machen Sie auf jeden Fall mehr, als Sie zu brauchen glauben. Sie schmecken auch am nächsten Tag noch fantastisch zum Mittagessen – wenn sie bis dahin nicht längst vertilgt sind.

ZUBEREITUNG

1 Ofen auf 230 °C vorheizen.

2 Kartoffeln gut abbürsten und mit einem Messer mehrfach einstechen.

3 Zwiebel von der äußersten Schale befreien und in Folie einschlagen.

4 Eingewickelte Zwiebel und die Kartoffeln 1 Stunde im Ofen garen.

5 Grünkohlblätter von den Stielen abtrennen und in mundgerechte Stücke schneiden. In einem Topf in kochendem Wasser etwa 5 Minuten kochen, bis sie weich sind. Grünkohl abgießen, mit 1 TL Zitronenpfeffer bestreuen, verrühren und zur Seite stellen.

6 Gebackene Zwiebel im Mixer fast pürieren. Kartoffeln halbieren, Inneres in eine mittelgroße Schüssel löffeln und mit einem Kartoffelstampfer oder einer Gabel zerdrücken. Ausgehöhlte Kartoffelhälften in eine Backform legen.

7 Zwiebel aus dem Mixer, Zwiebelpulver, Knoblauchpulver, Balsamessig, Cayennepfeffer, schwarzen Pfeffer, Würzhefeflocken und Mandeldrink zu den zerdrückten Kartoffeln geben und gut vermischen. Bei Bedarf mehr Flüssigkeit zugeben, bis die Konsistenz eines Kartoffelpürees erreicht ist.

8 Frühlingszwiebeln, Maiskörner und Paprika vorsichtig einrühren.

9 Jede Kartoffelhälfte mit 1 EL Grünkohl auskleiden und anschließend mit der Kartoffel- und Gemüsemischung füllen.

10 Mit Paprikapulver bestreuen und bei 180 °C etwa 30 Minuten backen, bis sie braun werden.

Sandras Chili

6-8 PORTIONEN

ZUTATEN

1 große Zwiebel, gehackt
3 Karotten, geraspelt
4 Stängel Staudensellerie, gehackt
1 große rote Paprika, gewürfelt
1 mittelgroße Zucchini, gewürfelt
1 Jalapeño, gehackt
4 Knoblauchzehen, gehackt
250 g Pilze, in Scheiben geschnitten
840 g geschälte Tomaten aus der Dose
450 g gewürfelte Tomaten aus der Dose
450 g Kidneybohnen, abgegossen und abgespült
450 g Kichererbsen aus der Dose, abgegossen und abgespült
450 g schwarze Bohnen aus der Dose, abgegossen und abgespült
1 große Süßkartoffel, gewürfelt (vorheriges Schälen optional)
1 TL getrockneter Thymian
3 EL Chilipulver (bei Bedarf auch mehr)
1 TL Kreuzkümmel
250 ml Salsa Ihrer Wahl
Pfeffer nach Bedarf
2 EL Balsamessig
80 g Frühlingszwiebeln, in Ringe geschnitten

Eines Abends lud unser Sohn Zeb seine Abschlussklasse von der Columbia School of Journalism zu einem Abendessen auf die Farm ein, wo wir unseren Sommerurlaub verbrachten. In einem 90 cm hohen Topf über einem offenen Feuer kochte seine Mitstudentin Sandra ein Chili, von dem alle begeistert waren. Es schmeckte lecker und sah außerdem auch noch so richtig appetitlich aus. Hier das von Sandras Kreation inspirierte Rezept – mit Zutaten für 8 statt für 80 Personen. Sandra fragte sich, was sie anstelle von Öl zum Dünsten verwenden könnte, und entschied sich für Bier. Was Sie wählen möchten, überlassen wir Ihnen, denn im Prinzip geht es mit jeder Flüssigkeit, aber das Bier gibt dem Ganzen tatsächlich einen ganz interessanten, herzhaften Geschmack. Je länger das Chili kocht, desto stärker entfalten sich die Aromen, bereiten Sie es also ruhig ein, zwei Tage im Voraus zu – es wird umso besser schmecken. Wir servieren es gern auf Taco-Schalen oder Tostados (siehe »Mais-Tacos und -Tostados«, Seite 30) oder in »Knusprigen Tortillaschälchen« (Seite 29).

ZUBEREITUNG

1 In einem großen Suppentopf bei mittlerer Hitze die Zwiebeln dünsten, bis sie weich werden. Bei Bedarf, falls der Boden der Pfanne zu trocken wird, Flüssigkeit zugeben (Wasser oder Bier!).

2 Karotten zugeben und einige Minuten weiterdünsten. Das Gleiche mit dem Sellerie wiederholen. Auf mittlere Hitze stellen, rote Paprika, Zucchini, Jalapeño, Knoblauch und Pilze dazugeben und weiterrühren, bis die Gemüse weich werden. Tomaten, Kidneybohnen, Kichererbsen, schwarze Bohnen, Süßkartoffel, Thymian, Chili, Kreuzkümmel, Salsa, Pfeffer und Balsamessig zugeben. Zum Kochen bringen und so weit herunterschalten, bis es nur noch leise köchelt. Deckel auflegen und eine Stunde garen lassen, bis das Chili deutlich eindickt.

3 In großen Schalen auf Reis oder Gerste löffeln, mit Frühlingszwiebeln bestreuen und mit einem großen Beilagensalat servieren.

Tortilla Azteca – Mexikanische Lasagne

4 PORTIONEN

ZUTATEN

1 große Gemüsezwiebel, in dünne Streifen geschnitten
4 Poplano-Chilis oder andere dickliche grüne Chilis, halbiert, entkernt und in dünne Streifen geschnitten
2 mittelgroße Zucchini, in dünne Streifen geschnitten
480 g Maiskörner, frisch oder gefroren und aufgetaut
250 g Pilze, in Scheiben geschnitten
450 g Pintobohnen aus der Dose, abgegossen und abgespült
250 ml Gemüsebrühe oder Wasser
2 große Tomaten, grob gehackt
¼ Zwiebel, gewürfelt
1 große Knoblauchzehe, gehackt
1 grüne Peperoni (schlanker, grüner Chili), entkernt
10 Mais-Tortillas
250 ml »Enchilada-Soße« (Seite 105)
250-500 ml Salsa Ihrer Wahl
1 grüner Anaheim-Chili, in dünne Ringe geschnitten

Unserer Freundin Norma verdanken wir eine ganze Reihe von Rezepten aus ihrer Heimat Mexiko. Ihre Großmutter aus dem mexikanischen Toluca machte dieses Gericht vor allem im Winter und verwendete dafür alles an Gemüse, was sie gerade vorrätig hatte. Norma kochte es für uns im Dezember mit Gemüse von unserem örtlichen Händler, aber auch einigen grünen Blattgemüsen aus unserem Garten. (Richtig gelesen! Grünes Gemüse wächst in Cleveland auch noch im Dezember!) Das Gericht steckt voller authentischer Aromen aus Mexiko. Wir mögen es sehr und wetten, auch Sie werden es mögen. Danke, Norma!

ZUBEREITUNG

1 Ofen auf 200 °C vorheizen.

2 In einer großen Pfanne auf höchster Stufe Zwiebeln dünsten. Hitze kontinuierlich herunterschalten, während die Zwiebeln weich und braun werden. Poplano-Chilis zugeben und eine Minute weiterrühren. Zucchini, Mais und Pilze einrühren und auf niedriger Stufe 10 Minuten weiterdünsten, bis alles weich ist.

3 Die Hälfte der Pintobohnen mit der Gemüsebrühe im Mixer pürieren, bis eine suppenartige Konsistenz erreicht ist. Die Mischung in eine kleine Schüssel gießen.

4 Tomaten, Zwiebel, Knoblauch und entkernte grüne Peperoni in einen Mixer geben und glatt pürieren. Diese Mischung in einen Kochtopf geben und 4 Minuten auf mittlerer Stufe kochen, bis sie gut durchgewärmt ist und die Farbe sich von Orange zu Rot verändert hat. Dies nennen wir unsere »Tortilla-Azteca-Soße«.

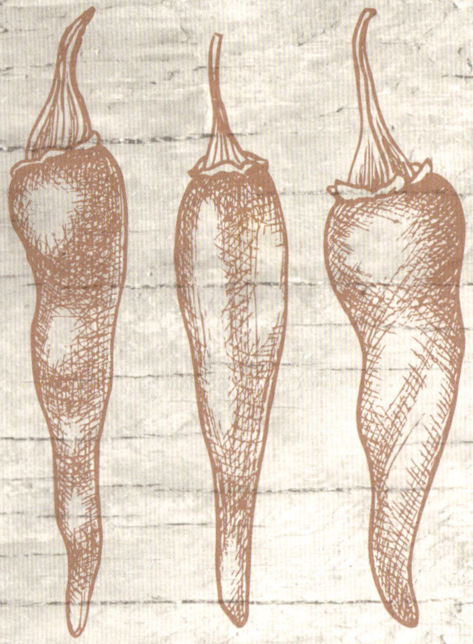

5 Eine Schicht der Soße in eine große Auflaufform gießen. Darüber eine Schicht aus Tortillas breiten, sodass die Soße darunter nicht mehr zu sehen ist. Wenn es nötig ist, einige Tortillas in Stücke reißen und freiliegende Bereiche damit abdecken.

6 Das gekochte Gemüse auf die Tortillas geben.

7 Die pürierte Bohnenmischung darüberstreichen und darauf die zweite Hälfte der Pintobohnen ausbreiten.

8 Eine weitere vollständige Schicht aus Tortillas darüberlegen (von den Bohnen darunter darf anschließend nichts mehr zu sehen sein).

9 Darauf je eine Schicht Enchilada-Soße und Salsa geben.

10 Wir legen darauf gern noch dünne Ringe aus grünem Anaheim-Chili. Der Kontrast von Grün und Rot wirkt einfach wunderschön.

11 Ohne Deckel 30 Minuten backen. (Nicht zu lange im Ofen lassen!)

Pizza mit karamellisierten Zwiebeln und Tomatenchutney

1 PIZZA MIT 30 CM DURCHMESSER, 2-4 PORTIONEN

ZUTATEN

1 Pizzaboden aus fettfreiem Vollkorn-Hefeteig, Durchmesser etwa 30 cm
500 ml Cherrytomaten-Chutney (Seite 100)
375 ml »Hummus mit karamellisierten Zwiebeln« (Seite 96)

Debbie Kastner, Autorin des Blogs »Happy Healthy Long Life«, schickte uns das Rezept zu einer Version dieser Pizza und wir waren begeistert, wie toll sie aussah und schmeckte! Ja, wir hätten diese Pizza sogar gern auf dem Buchcover gehabt. Sie können die Pizza natürlich auch mit Pitabrot oder einem selbst zubereiteten fettfreien Pizzateig zubereiten. Servieren Sie diese Schönheit mit einem großen grünen Salat.

ZUBEREITUNG

1 Ofen auf 180 °C vorheizen.

2 Pizzaboden ohne Belag 10 Minuten vorbacken, bis er sich leicht bräunt, aber noch nicht zu hart ist.

3 Pizzaboden mit einer schönen, dicken Schicht »Hummus mit karamellisierten Zwiebeln« bestreichen. Tomatenchutney gleichmäßig darauf verteilen.

4 Weil sie so schön ist, am besten erst noch ein Foto von der Pizza machen, dann in Stücke schneiden und servieren.

Salatpizza

1 PIZZA MIT 30 CM DURCHMESSER, 2-4 PORTIONEN

ZUTATEN

1 Pizzaboden aus fettfreiem Vollkorn-Pizzateig, Durchmesser etwa 30 cm
375-500 ml fettfreie Nudelsoße
50 g Grünkohl, gekocht (Seite 21)
3-4 Tomaten, in dünne Scheiben geschnitten
3-4 EL Würzhefeflocken
1 Handvoll frischer Spinat, gehackt
1 Handvoll frische Rucola, gehackt
2 Frühlingszwiebeln, gehackt
¼ Bund frisches Basilikum
1 rote Paprika, gewürfelt
1-2 EL Zitronensaft

ZUBEREITUNG

1 Ofen auf 220 °C vorheizen.

2 Nudelsoße mit dem gekochten Grünkohl vermischen und in einer gleichmäßigen Schicht auf dem Pizzaboden verteilen. Tomatenscheiben auf die Soße legen.

3 Tomaten mit Würzhefeflocken bestreuen und das Ganze 20 Minuten im Ofen backen.

4 In einer Schüssel aus Spinat, Rucola, Frühlingszwiebeln, Basilikum und Paprika einen Salat anmischen, mit Zitronensaft beträufeln und mehrfach wenden.

5 Pizza aus dem Ofen holen und den Salat darauf häufeln.

6 Das bildschöne Kunstwerk mit einem Pizzaschneider in Stücke schneiden und ein leckeres Stück nach dem anderen servieren.

Spargel-Pilz-Pie mit Zitronen-»Käse«-Soße

3-4 PORTIONEN

Macht Spaß zu kochen und noch mehr Spaß zu essen! Es empfiehlt sich, für den Boden Rundkornreis zu verwenden, weil er stärker klebt als die Langkornvariante. Das Resultat lässt sich besser schneiden, wenn es ein wenig abgekühlt ist, die Pie schmeckt aber ebenso gut, wenn die Stücke weniger ordentlich sind. Unsere »Maissoße« (Seite 102) wäre ebenfalls eine gute Topping-Variation.

ZUTATEN

350 g Vollkornreis, gekocht
1 TL Knoblauchpulver
3 TL Zitronenpfeffer
1 mittelgroße bis große Tomate, in dünne Scheiben geschnitten, oder 200 g Kirschtomaten, halbiert
4 Frühlingszwiebeln (etwa 80 g), gehackt
250 g Pilze, in Scheiben geschnitten
2 EL Balsamessig
1 Bund Grünkohl, Stiele entfernt und Blätter in Stücke geschnitten
250 g Grüner Spargel, in 2,5 cm große Stücke geschnitten
375 ml »Zitronen-›Käse‹-Soße« (Seite 103)
2 EL Würzhefeflocken

ZUBEREITUNG

1 Ofen auf 180 °C vorheizen.

2 Gekochten Reis in eine Rührschüssel geben, Knoblauchpulver und 2 TL Zitronenpfeffer mit einer Gabel unterziehen.

3 Reis in eine Pieform mit etwa 21 cm Durchmesser löffeln und in einer gleichmäßigen Schicht mit dem Löffelrücken auf den Boden und gegen den Rand der Form drücken.

4 Tomatenscheiben auf den Reis legen und mit der Hälfte der gehackten Frühlingszwiebeln bestreuen.

5 In einer Pfanne bei mittlerer Hitze Pilzscheiben flach auf den Boden legen und 5 Minuten ohne Wenden braten. Mit 1 EL Balsamessig beträufeln, wenden und eine weitere Minute braten, bis sie braun sind. Pilze mit möglicherweise ausgetretenem Saft über die Tomaten geben.

6 Spargel 4-5 Minuten in Wasser kochen, bis er kräftig grün und zart ist. Abgießen und kurz unter kaltem Wasser abschrecken. Spargel auf den Pilzen verteilen und mit dem restlichen Zitronenpfeffer und 2 EL Frühlingszwiebeln bestreuen (einige Frühlingszwiebelringe für später aufheben).

7 Grünkohl in etwa 5 cm Wasser 4-5 Minuten kochen, abgießen und ausdrücken. Über den Spargel breiten.

8 Zitronen-»Käse«-Soße über die Pie streichen, mit den letzten Frühlingszwiebelringen und den Würzhefeflocken bestreuen und 30 Minuten im Ofen backen.

9 Pie vor dem Servieren 10 Minuten abkühlen lassen – auf diese Weise erhöht sich die Chance, dass die Pie-Stücke ihre Form behalten.

Polenta-Pie

4-6 PORTIONEN

Polenta gehörte lange Zeit nicht zu unseren Lieblingsspeisen – bis Rip eines Tages für uns eine Polenta-Pie machte. Wir konnten davon gar nicht genug bekommen. (Fast hätten wir noch die Teller sauber geleckt …) Zum Glück ist dieses Gericht so einfach zusammenzustellen, dass wir es inzwischen häufig machen – und es ist so herrlich sättigend!

ZUTATEN

750 ml Wasser
150 g Maismehl
½ TL Knoblauchpulver
½ TL Zwiebelpulver
1 ½ TL gemahlener Kreuzkümmel
1 Prise Cayennepfeffer
1 mittelgroße Zwiebel, gewürfelt
1 rote Paprika, gewürfelt
200 g Maiskörner, von gegrillten oder im Ofen gerösteten Kolben geschnitten
450 g fettfreies Bohnenmus aus der Dose
450 g Pintobohnen aus der Dose, abgegossen und abgespült
2 TL Texmex-Würzmischung (siehe unten)
1 TL Chilipulver
50 g grüne Chilis, gewürfelt (optional)
2 Handvoll frischer Spinat
½ Rezept »Enchilada-Soße« (Seite 105)
125 ml Salsa Ihrer Wahl

ZUBEREITUNG

1 Ofen auf 200 °C vorheizen.

2 Eine Pieform (etwa 21 cm Durchmesser) mit Backpapier auslegen.

3 In einem großen Topf das Wasser zum Kochen bringen. Nach und nach Maismehl einrühren und dabei die Hitze herunterschalten. Weiterrühren, bis sich alle Klümpchen aufgelöst haben. Knoblauchpulver, Zwiebelpulver, ½ TL Kreuzkümmel und Cayennepfeffer zugeben und weiterrühren, bis die Masse gut angedickt ist (etwa 10 Minuten). In dieser Form heißt sie Polenta.

4 Polenta noch heiß in die ausgelegte Pieform gießen.

5 Bohnen und Gemüsefüllung zubereiten: In einer Pfanne bei großer Hitze Zwiebel dünsten, bis sie braun wird, dann auf mittlere Hitze herunterstellen. Paprika und Mais zugeben und weiterdünsten, bis die Zwiebelstücke glasig sowie Paprika und Mais gar sind.

6 Bohnenpaste, Pintobohnen, Texmex-Gewürz, 1 TL Kreuzkümmel, Chilipulver und grüne Chilis (optional) zugeben. Rühren, bis alles gut vermischt ist, und beiseitestellen.

Tipp

Um Ihr eigenes Texmex-Gewürz herzustellen, einfach die trockenen Gewürze aus unserem Rezept für »Texmex Grünkohlchips« vermischen (Seite 135).

7 Polenta mit einer Schicht frischem Spinat belegen. Darauf die Bohnen- und Gemüsemischung aus der Pfanne verstreichen. Eine zweite Schicht frische Spinatblätter darüberlegen und auf alles »Enchilada-Soße« und Salsa verteilen.

8 30 Minuten backen. Warm mit zusätzlicher Salsa, »Enchilada-Soße« und einem großen Salat servieren.

Fünf-Sterne-Reis mit schwarzen Bohnen

8-10 PORTIONEN

ZUTATEN

10 »Knusprige Tortillaschälchen« (Seite 29)
900 g Vollkornreis
5 × 450 g schwarze Bohnen aus der Dose, abgegossen und abgespült
1 TL Kreuzkümmel
2 TL Zwiebelpulver
1 EL Knoblauchpulver
2 EL Chilipulver
¼ TL Cayennepfeffer
125 ml Salsa Ihrer Wahl
480 g Maiskörner (falls gefroren, aufgetaut)
1 rote Paprika, gewürfelt
1 gelbe Paprika, gewürfelt
1 orangefarbene Paprika, gewürfelt
100 g Grünkohlblätter, vom Stiel getrennt, in mundgerechte Stücke geschnitten und gekocht
3 große Tomaten, gewürfelt
1 Bund Frühlingszwiebeln, gehackt
8 Wasserkastanien, in Scheiben geschnitten
200 g Karotten, geraspelt
1 kleine Yambohne, gewürfelt
2 Bund Koriander, gehackt
Viele verschiedene Salsas: »Mango-Limetten-Salsa« (Seite 110), »Pico de Gallo« (Seite 112), »Cranberry-Salsa aus Down Under« (Seite 113), »Granatapfel-Salsa« (Seite 116) oder andere Salsas Ihrer Wahl

Hier das Gericht, das wir am allerhäufigsten essen. Wir servieren es, wenn Gäste zu Besuch kommen, essen es am Heiligen Abend, tischen es bei Hochzeiten auf und haben sogar bei unserer Goldenen Hochzeit die Gäste damit bewirtet. Die Grundzutaten bestehen aus dem, was ein großer Teil der Welt ohnehin ständig isst. Für den richtigen Dreh sorgen die Toppings – für uns sind sie die Hauptsache! Unsere Enkel essen das Gericht gern samt aller Beilagen aus festen »Knusprigen Tortillaschälchen« (Seite 29).

ZUBEREITUNG

1 Naturreis nach den Angaben auf der Packung kochen.

2 Schwarze Bohnen bei mittlerer Hitze in eine Pfanne geben. Kreuzkümmel, Zwiebelpulver, Knoblauchpulver, Chilipulver und Cayennepfeffer einrühren. Sollte der Pfannenboden zu trocken werden, 125 ml Salsa zugeben. Nach eigener Vorliebe mit Gewürzen abschmecken. Mit einem Pürierstab oder einer Gabel etwa die Hälfte der Bohnen zerdrücken oder pürieren.

3 Zum Servieren ein Büfett aufbauen, das mit Reis und Bohnen beginnt und zu den verschiedenen Gemüsen weiterführt. Wir stellen unsere Schüsseln auf dem Büfett in der folgenden Reihenfolge auf: Naturreis, schwarze Bohnen, Mais, Paprika, Grünkohl, Tomaten, Frühlingszwiebeln, Wasserkastanien, Karotten, Yambohnen, Koriander, Salsas.

4 Jede und jeder stellt sich sein eigenes, buntes und köstliches Mahl zusammen.

5 Bitte beachten: Wenn Sie das seltene Glück haben, dass von diesem Gericht etwas übrig bleibt, rühren Sie am nächsten Tag alle Reste mit etwas Salsa und ein wenig Balsamessig zu einem Salat zusammen.

Reis mit Bohnen und Gemüse für Eilige

2 PORTIONEN

ZUTATEN

225 g Reis
500 ml Wasser oder Wasser und Gemüsebrühe, gemischt
1 Dose schwarze Bohnen, abgegossen und abgespült
1 Bund Koriander, gehackt
1 Bund Grünkohl, Blattkohl oder Mangold, Stiele entfernt und Blätter gehackt
1 Tomate, gewürfelt
1 Frühlingszwiebel, gehackt
Lieblingssalsa Ihrer Wahl oder natriumarme Tamari-Soße

Eine Variante, die sich ganz einfach und schnell zubereiten lässt und zu den Mahlzeiten gehört, die wir am häufigsten essen. Wenn Sie etwas Reis übrig haben und die Bohnen einfach in heißem Wasser aufwärmen, brauchen Sie nur noch den Grünkohl zu kochen. Was könnte schneller sein!? Wenn Sie noch ein wenig Zeit haben, ergänzen Sie das Angebot um »Mais-Tacos und -Tostados« (Seite 30).

ZUBEREITUNG

1 Reis in Wasser oder Gemüsebrühe in einem Reiskocher oder Kochtopf nach der Angabe auf der Packung garen.

2 Bohnen in 125 ml Wasser in einem kleinen Topf aufwärmen. (Gesalzene Bohnen vorher sorgfältig abspülen.) Koriander zugeben und rühren.

3 Grünkohl in mundgerechte Stücke schneiden und in 5 cm kochendem Wasser garen. Deckel auflegen und 2-4 Minuten kochen und abgießen. (Oder grünes Blattgemüse nach 25 Minuten zum kochenden Reis geben und diesen Schritt auslassen.)

4 Abgetropften Grünkohl auf einen Teller geben, mit Reis, Bohnen, Tomate, Frühlingszwiebeln und Salsa oder natriumarmer Tamari-Soße beträufeln.

5 Dazu ein grüner Salat und das Essen ist perfekt!

Schrapnell-Burritos

4-6 PORTIONEN

ZUTATEN

250 g gekochter Naturreis
125 g Kirschtomaten, halbiert
1 kleine Zucchini, in Scheiben geschnitten
1 Rote Bete, gekocht und gewürfelt
200 g Karotte, geraspelt
125 g grüne Chilis aus der Dose, gewürfelt
480 g schwarze Bohnen aus der Dose, abgegossen und abgespült
480 g Bohnenmus aus der Dose
4-6 Vollkornwraps, bevorzugt aus gekeimtem Getreide

Der britische Offizier Henry Shrapnell erfand die eisernen, dicht mit kleinen Bleikugeln gefüllten Hohlgeschosse, die in der Luft explodieren und so ihre Munition verstreuen. Ein friedliches Gegenmodell bilden unsere »Schrapnell-Burritos«, die voller gesunder, klein geschnittener Gemüseteile stecken. So entsteht eine auf sehr erfreuliche Weise explosive Ladung, die Ihre Geschmacksknospen zum Schwingen bringen wird.

ZUBEREITUNG

1 Ofen auf 180 °C vorheizen.

2 In einer großen Antihaft-Bratpfanne bei mittlerer Hitze Reis, Tomaten, Zucchini, Rote Bete, Karotten, grüne Chilis, schwarze Bohnen und Bohnenmus verrühren.

3 Je nach Vorratslage optional durch andere Gemüsesorten ergänzen.

4 Zutaten in die Mitte eines Wraps löffeln. Von den Seiten her zusammenfalten und in Alufolie wickeln.

5 15 Minuten in den vorgeheizten Ofen geben.

6 Noch warm mit Ihren Lieblingssalsas servieren. Wir empfehlen »Pico de Gallo« (Seite 112), »Mango-Limetten-Salsa« (Seite 110) oder »Granatapfel-Salsa« (Seite 116).

Matts Sofrito

8-10 PORTIONEN

ZUTATEN

450 g getrocknete schwarze Bohnen
1 grüne Paprika, gewürfelt
1 mittelgroße Zwiebel, gehackt
6 Knoblauchzehen, gehackt
2 Lorbeerblätter
1 TL Salz

Sofrito

1 mittelgroße Zwiebel, fein gehackt
1 grüne Paprika, fein gewürfelt
8 Knoblauchzehen, zerdrückt
2 TL getrockneter Oregano
½ TL Salz
1 ½ TL gemahlener Kreuzkümmel
1 EL Limettensaft
1 kg Naturreis, gekocht

Ich werde nie vergessen, wie unser guter Freund Matt zum ersten Mal dieses Gericht servierte! Ich dachte nämlich, über schwarze Bohnen wüsste ich alles, was es zu wissen gibt, bis ich von seiner Kreation kostete. Die ganze Mahlzeit basiert auf den aromatischen Bohnen und ihrer wunderbaren Konsistenz. Der Schlüssel liegt darin, getrocknete Bohnen zu verwenden und die »Sofrito« (eine Grundsoße aus aromatischen, ganz klein geschnittenen und zusammen gekochten Zutaten) separat zu kochen. »Nein, Jane, schwarze Bohnen aus der Dose kannst du dafür nicht verwenden«, lautete Matts klare Ansage. »Die würden eine hässliche Pampe ergeben.« Abgesehen von der Zeit, die man braucht, um die Bohnen einzuweichen und zu garen, kann ich bis heute kaum glauben, wie einfach sich das Gericht zubereiten lässt und wie gut es immer wieder gelingt. Matt hatte sich ursprünglich von »The Best Recipe 1999« inspirieren lassen. Besonders nachdrücklich schärfte er mir ein, dass das Salz in der Zutatenliste nicht optional ist (wir haben es allerdings um die Hälfte reduziert!). Wir essen Matts Sofrito gern mit »Mais-Tacos und -Tostados« (Seite 30), weil mein Mann deren Knusprigkeit bei jedem Biss so gerne mag.

ZUBEREITUNG

Für die Bohnen

In einem großen Suppentopf alle Zutaten für die Bohnen in knapp 3 l Wasser bei mittlerer Hitze zum Kochen bringen. Herd herunterschalten und 2 Stunden ohne Deckel köcheln lassen. Die Bohnen sollen zart sein, aber noch nicht aufplatzen. Am Ende der Kochzeit Lorbeerblätter herausnehmen.

Tipp

Das Gericht dickt am Folgetag weiter ein, deshalb essen wir es am ersten Tag gern mit Naturreis und am zweiten Tag in Burritos oder unserem Wrap »Matthew« (Seite 66).

Für das Sofrito

Gegen Ende der Kochzeit der Bohnen mit dem Sofrito beginnen. In einer Bratpfanne bei mittlerer Hitze Zwiebel, Paprika, Knoblauch, Oregano und Salz geben. Nach 2-3 Minuten Rühren Hitze auf mittlere Stufe reduzieren. Weiter rühren, während das Gemüse gar und weich wird (etwa 8-10 Minuten). Sobald es am Pfannenboden ansetzt, 1 EL Wasser zugeben. (Dies wird das Sofrito noch würziger machen.) Kreuzkümmel zugeben und rühren, bis es danach duftet (etwa 1 Minute oder mehr).

Zum Fertigstellen

Sofrito zu den Bohnen geben. Mit einem Pürierstab, einer Gabel oder einem Kartoffelstampfer die Mischung zerkleinern, sodass etwa ⅓–½ der Bohnen zerdrückt sind. (Nicht zu fein zerdrücken!) Immer nur einen Teil bearbeiten, dann innehalten und erst einmal die Konsistenz prüfen. Das Ziel besteht darin, einige Bohnen ganz zu lassen und doch eine Mischung zu schaffen, die gleichförmig glatt ist.
Die Mischung bei mittlerer Hitze köcheln lassen, bis die Flüssigkeit verdampft und angedickt ist (etwa 6 Minuten). Die Bohnen sollen cremig sein und die Flüssigkeit sollte sämig angedickt sein. Limettensaft zugeben und eine weitere Minute köcheln lassen. Die herrlich aromatische Bohnensoße zu Naturreis oder allein zu einem großen grünen Salat servieren. Am liebsten essen wir sie auf Naturreis mit »Mango-Limetten-Salsa« (Seite 110).

Mangold-Burritos mit schwarzen Bohnen und Süßkartoffeln

6 PORTIONEN

ZUTATEN

2 mittelgroße Süßkartoffeln, gewürfelt (schälen optional)
1 Zwiebel, gehackt
2 × 480 g schwarze Bohnen aus der Dose, abgegossen und abgespült
125 ml Gemüsebrühe
2 Knoblauchzehen, gehackt
1 ½ EL Chilipulver
2 TL Dijonsenf oder Senf Ihrer Wahl
1 TL gemahlener Kreuzkümmel
⅛ TL schwarzer Pfeffer
6 mittelgroße Mangoldblätter
250 ml Salsa (bei Bedarf auch mehr)
1 Bund Koriander oder Petersilie
150 g Frühlingszwiebeln, gehackt
Frischer Spinat, zum Servieren
500-750 ml Nudelsoße
500-750 ml Salsa
3 EL Würzhefeflocken

Die Mangoldblätter können Sie in diesem Rezept auch gut durch Kohlblätter, Weizen- oder Reis-Wraps ersetzen.

ZUBEREITUNG

1 Ofen auf 220 °C vorheizen.

2 Süßkartoffeln in Wasser kochen, bis sie weich sind (etwa 10 Minuten) oder, falls bevorzugt, im Ofen garen.

3 In einer Pfanne bei mittlerer Hitze Zwiebel etwa 5 Minuten glasig dünsten. Falls die Pfanne zu trocken wird, ein paar Tropfen Wasser zugeben.

4 Knoblauch, Chilipulver, Senf, Kreuzkümmel, Pfeffer, schwarze Bohnen und Gemüsebrühe zu der Zwiebel geben und zum Kochen bringen. Auf mittlere Hitze herunterschalten und ohne Deckel etwa 15 Minuten kochen.

5 Süßkartoffeln abgießen, mit einem Stampfer zerdrücken und beiseitestellen.

6 In einer Lasagne- oder Auflaufform 500 ml Nudelsoße verteilen, sodass der Boden ganz bedeckt ist.

7 In einem ausreichend breiten Topf etwa 5 cm Wasser zum Kochen bringen. Mangoldblätter von Stielen befreien und eines nach dem anderen etwa 30 Sekunden ins kochende Wasser tauchen, bis sie biegsam sind. Blätter auf der Arbeitsfläche ausbreiten und von beiden Seiten trocken tupfen.

8 In die Mitte eines jeden Blattes einen Streifen zerdrückte Süßkartoffeln (etwa 5 EL) und darüber einen Streifen schwarze Bohnen (ebenfalls etwa 5 EL) geben. Darauf je 2 EL Salsa, etwas Koriander und Frühlingszwiebeln und schließlich eine kleine Handvoll Spinatblätter verteilen.

9 Zuerst die Spitze, dann das untere Ende des Blattes nach innen falten, zuletzt die eine Seite vom Grün darüberklappen und Ganze über die letzte Seite in Form eines Burritos zusammenrollen. Die Burritos nebeneinander in die Form legen.

10 Mit Salsa und/oder Nudelsoße bestreichen und mit Würzhefeflocken bestreuen. Etwa 10 Minuten im Ofen backen, bis sie ganz durchgewärmt sind.

Dal Singapur

2-4 PORTIONEN

ZUTATEN

1 Zwiebel, gehackt
3 Knoblauchzehen, gehackt
2 EL Ingwer, gehackt
1 TL Koriander
1 TL Kreuzkümmel
1 TL Garam Masala
3 mittelgroße Tomaten, gehackt
480 g Schwarzaugenbohnen, abgegossen und abgespült
480 g Kichererbsen oder weiße Bohnen, abgegossen und abgespült
500 ml Gemüsebrühe
3 schmale grüne Chilis (zum Beispiel Serrano-Chilis)
1 EL Zitronensaft
Koriander zum Garnieren
1 frische Mango, in kleine Würfel geschnitten

Das erste Mal aßen wir dieses Dal in Singapur. Ich blickte der Köchin über die Schulter, damit mir auch keines ihrer Geheimnisse entging. Die Farben, die Gewürze und die Gerüche sind mir bis heute tief ins Gedächtnis eingeprägt. Die Chilis im Ganzen mitzukochen, sorgt für genau den richtigen Grad an Schärfe. Das Gericht schmeckt köstlich auf Naturreis oder gekochten Kartoffeln. Servieren Sie dazu einen großen grünen Salat oder ergänzen Sie es mit »Mais-Tacos und -Tostados« (Seite 30) statt Reis (oder zusätzlich zum Reis). Frische Mango macht das ganze perfekt!

ZUBEREITUNG

In einem Kochtopf Zwiebel bei mittlerer Hitze glasig dünsten. Knoblauch und Ingwer zugeben und einige weitere Minuten rühren. Tropfenweise Wasser zugeben, falls die Pfanne zu trocken wird. Koriander, Kreuzkümmel und Garam Masala einrühren und zwei weitere Minuten kochen, um die Aromen miteinander verschmelzen zu lassen. Bei Bedarf wieder ein paar Tropfen Wasser zugeben. Tomaten, Schwarzaugenbohnen, Kichererbsen, 500 ml Gemüsebrühe und 3 schmale grüne Chilis im Ganzen zugeben. Zum Kochen bringen, Hitze herunterdrehen und ohne Deckel köchelnd andicken lassen, bis eine soßenartige Konsistenz erreicht ist (etwa 30 Minuten). Zitronensaft und viel Koriander einrühren. Vor dem Servieren Chilis herausnehmen oder – wenn Sie es noch schärfer mögen – aufbrechen und zerkleinern. Mit frischer Mango servieren und jeden Bissen genießen.

Gefüllte Portobello-Pilze

Die attraktiven, riesigen Champignons bilden allein schon einen herrlichen Mittelpunkt des Hauptgangs, machen sich aber ebenso gut auf Naturreis mit einem großen Salat. Hübsch sieht es aus, wenn darauf noch »Geröstete rote Paprika« (Seite 22) drapiert werden. Wenn Sie die Paprika nicht selbst zubereiten möchten, finden Sie sicherlich auch entsprechende Paprikastücke aus dem Glas, die allerdings kaum so aromatisch sein werden wie unsere selbst gemachten. Deshalb raten wir Ihnen dringend, unser Rezept auszuprobieren – Sie werden danach ebenso süchtig werden wie wir!

6 PORTIONEN

ZUTATEN

2 Portobello-Pilze
2 EL Balsamessig
3-4 Knoblauchzehen, zerdrückt
4 EL Gemüsebrühe
2 Frühlingszwiebeln, gehackt
4 EL »Selbst gemachtes Hummus« (Seite 94) oder fertiges, öl- und tahini-freies Hummus
1 TL Dijonsenf
1 Bund Mangold (Stiele und Blätter), gehackt
6-8 Paprikastreifen (siehe »Geröstete rote Paprika«, Seite 22)

ZUBEREITUNG

1 Ofen auf 200 °C vorheizen.

2 Pilze von Stielen und Lamellen befreien (mit einem Löffel geht das gut) und mit der hohlen Seite nach oben in eine Backform legen.

3 Pilzstiele grob hacken und ebenfalls in die Backform legen.

4 1 EL Balsamessig mit Knoblauch und Gemüsebrühe verrühren, die Pilzmulde damit bestreichen und 10 Minuten im Ofen backen. Herausnehmen und zur Seite stellen.

5 Mangold in wenig Wasser bei mittlerer Hitze 3 Minuten kochen, bis er weich ist. Abgießen und gut abtropfen lassen.

6 In einer Schüssel Hummus, Frühlingszwiebeln und Senf verrühren. Pilzstiele aus der Backform nehmen, in kleine Stücke hacken und mit der Hummus-Mischung verrühren.

7 Jeden Pilz mit etwa 4 EL Mangold füllen und mit je 1 EL Saft aus der Backform beträufeln. Darauf die Hummus-Mischung häufeln und je 3 Paprikastreifen geben. Die Form zurück in den Ofen schieben und weitere 10 Minuten backen, bis das Hummus Blasen wirft.

8 Vor dem Servieren mit gehackten Frühlingszwiebeln bestreuen. Sollte in der Auflaufform noch Flüssigkeit sein, über die Pilze träufeln, um das Aroma weiter zu vervollkommnen.

»Nori Noir« – Nori-Blätter mit schwarzer Reisfüllung

4 NORI-ROLLEN
(25 BIS 30 EINZELSTÜCKE)

Meine Mom rief mich ganz aufgeregt aus einem Saal voller Menschen an, um mir von diesen spektakulären Nori-Rollen zu erzählen! Vor allem der Kontrast von gelber Paprika und schwarzem Reis hatte es ihr angetan. »Wie Katzenaugen!«, rief sie ins Telefon. Inzwischen machen wir die schwarzen Rollen häufig selbst, wenn wir Eindruck schinden wollen. Genauso köstlich schmecken sie natürlich auch mit braunem Rundkornreis – bloß nicht mit dem gleichen Katzenaugenfunkeln!

ZUTATEN

350 g schwarzer Reis, gekocht (er ist leicht klebrig, was uns für dieses Rezept gerade recht ist!)
2 EL brauner Reisessig, nach Bedarf
4 Nori-Blätter
1 gelbe Paprika, entkernt und in kurze, dünne Streifen geschnitten
2 Schalotten, gehackt
½ Gurke, entkernt und längs in kurze, dünne Streifen geschnitten
2 lange Karotten, geraspelt
1 Mango, geschält, entkernt und in Streifen geschnitten
8 Spargelstangen, im Dampf gegart
Wasabipulver
Ingwer, eingelegt
natriumarme Tamari-Sojasoße, nach Bedarf

ZUBEREITUNG

1 Gekochten schwarzen Reis in eine große Schüssel geben und gut durchrühren. Wenn der Reis nicht klebrig genug ist, etwas braunen Reisessig beigeben und weiterrühren, bis eine klebrige Konsistenz erreicht ist.

2 1 Noriblatt auf eine trockene Arbeitsfläche legen. Etwa 80 g schwarzen Reis auf die eine Hälfte des Blattes verteilten und flach drücken (wie auf die eine Hälfte eines Tennisplatzes).

3 Gemüse auf der flach gedrückten Reisschicht verteilen. Mit der reisbedeckten Seite beginnend das Nori-Blatt mit beiden Händen vorsichtig aufrollen und das Gemüse dabei immer wieder behutsam nach innen schieben. Die Rolle hält von selbst zusammen, vor allem wenn der Reis noch ein wenig warm ist. Klebt sie nicht von selbst, helfen Sie nach, indem Sie den Rand der nicht mit Reis bedeckten Blatthälfte mit Wasser befeuchten.

4 Die restlichen 3 Nori-Blätter auf die gleiche Weise füllen und aufrollen.

5 Die fertigen Rollen mit einem scharfen Messer in etwa 1,5 cm breite Stücke schneiden.

Variation

Andersfarbigen Vollkornreis verwenden.

6 Durch Anrühren des Wasabipulvers nach der Anweisung auf der Packung die gewünschte Menge Wasabipaste herstellen.

7 »Nori Noir« in kleinen Schälchen mit eingelegtem Ingwer, Wasabipaste und Tamari-Soße servieren. Beim Essen nach Belieben jedes Stück in eines (oder mehrere) der kleinen Schälchen mit Soße tunken.

Chili Rellenos

2 PORTIONEN

ZUTATEN

6 Poblano-Chilis
480 g fettfreies Bohnenmus oder zerdrückte Pintobohnen
2 mittelgroße oder 1 große Tomate, in Viertel geschnitten
¼ Zwiebel, fein gehackt
250 ml Wasser
750 ml »Salsa aus gerösteten Tomatillos« (Seite 111) oder eine andere Salsa Ihrer Wahl

Während ihres kurzen Besuchs zeigte uns unsere Freundin Norma, wie man dieses und zahlreiche andere traditionelle mexikanische Gerichte zubereitet. Uns kam es so vor, als würden wir in geheime Zaubertricks eingeweiht! Chili Rellenos – gefüllte Poblano-Chilis – hatten wir bis dahin nur in Restaurants gegessen. Und voilà – plötzlich machten wir sie selbst in unserer Küche! Servieren Sie diese wohlschmeckenden Schönheiten mit Quinoa oder Naturreis und einem großen Salat.

ZUBEREITUNG

1 Chilis über einer offenen Gasflamme, auf dem Grill oder im Ofen mit Grillfunktion von allen Seiten rösten, bis die Schale braun wird und sich vom Fruchtfleisch abzulösen beginnt. Chilis in eine Plastiktüte geben, gut verschließen und mindestens 10 Minuten in ein Handtuch einschlagen. (Danach lässt sich die Schale leichter lösen.) Chilis aus der Tüte nehmen und Schale abziehen. 1 cm unterhalb des Stielansatzes einschneiden, aufklappen und Samen und weißliches Fruchtfleisch herausholen.

2 In jeden ausgehöhlten Chili 2-3 EL Bohnenmus oder zerdrückte Pintobohnen einfüllen. Chilis oben zusammendrücken, auf eine Platte legen und beiseitestellen.

3 Tomaten, Zwiebeln und Wasser in einen Mixer geben und 2-3 Minuten pürieren, bis die Mischung hellrosa und ziemlich flüssig geworden ist – das ist unsere »Chili-Relleno-Soße«.

4 Die Soße in einen mittelgroßen Topf geben und auf mittlere Hitze stellen. Die gefüllten Chilis in die Soße legen und 15 Minuten leise köcheln lassen.

5 Mithilfe eines Schaumlöffels die Chilis aus dem Topf nehmen und sofort auf Quinoa oder Naturreis und »Enchilada-Soße« (Seite 105), »Mango-Limetten-Soße« (Seite 110), »Salsa aus gerösteten Tomatillos« (Seite 111) und »Pico de Gallo« (Seite 112) servieren.

6 Die restliche Chili-Relleno-Soße kann anderweitig verwendet werden – seien Sie kreativ!

Burger »Rauchende Colts«

6 BURGER

ZUTATEN

125 g Rundkorn-Naturreis
250 ml Gemüsebrühe
25 g Würzhefeflocken
2 × 480 g Cannellini-Bohnen aus der Dose (ohne Salz), abgetropft und abgespült
4 EL grobe Haferflocken
4 EL Salsa (so scharf Sie mögen)
½ TL Kurkuma
1 TL Zwiebelpulver
1 TL Knoblauchpulver
½ TL Paprikapulver, geräuchert
¼ TL flüssiges Raucharoma (optional)
6 Vollkornbrötchen
Verschiedene Toppings nach Wahl, zum Beispiel Senf, Ketchup, Relish, Tomatenscheiben, Scheiben von roten Zwiebeln, Spinat, Romanasalat, Sauerkraut, »Geröstete rote Paprika« (Seite 22), »Sautierte Pilze« (Seite 26) »Karamellisierte Zwiebeln« (Seite 25)

Das herzhafte Raucharoma ist das herausragende Merkmal dieser rustikalen Burger, sodass beim Essen durchaus Wildwest-Romantik aufkommen kann. Vielleicht können Sie sie ja tatsächlich einmal bei einem Picknick mit Lagerfeuer zum Einsatz bringen.

ZUBEREITUNG

1 Wenn Sie die Burger lieber im Backofen als in der Pfanne garen möchten, Ofen auf 180 °C vorheizen. (Wir machen beides, je nachdem, ob Herd oder Ofen schon mit anderen Dingen besetzt sind, und können auch beide Vorgehensweisen gleichermaßen empfehlen.)

2 Ein Backblech mit Backpapier auslegen.

3 In einem Reiskocher oder im Kochtopf Reis nach den Angaben auf der Packung in der Gemüsebrühe garen, in eine Schüssel geben und gut durchrühren. Je länger Sie ihn rühren, desto klebriger wird er. (Am besten gelingt dies, wenn der Reis noch warm und feucht ist.)

4 Würzhefeflocken, Cannellini-Bohnen, Haferflocken und Salsa mit dem Reis vermischen. Dann mit den Händen kräftig verkneten, bis bei allen Bohnen die Schale aufgeplatzt ist.

5 Haferflocken, Kurkuma, Zwiebel-, Knoblauch- und Paprikapulver sowie flüssiges Raucharoma zugeben und die Masse weiter von Hand kneten und drücken. (Die Konsistenz sollte an festen Mörtel erinnern.) Die Mischung zu Bratlingen formen. Burger in einer Antihaft-Pfanne bei mittlerer Hitze von jeder Seite etwa 5 Minuten braten oder im Ofen 10 Minuten von jeder Seite backen, bis sie ganz durchgewärmt sind.

6 Mit aufgeschnittenen Brötchen und allen Toppings servieren.

Rote-Bete-Burger mit gegrillter Ananas

8-10 BURGER (JE NACH VERWENDETER GEMÜSEMENGE)

ZUTATEN

3 große Rote Beten mit Stielen und Blättern
3 Knoblauchzehen, grob gehackt
50 g Würzhefeflocken
175 g Naturreis oder Quinoa, gekocht,
100 g grobe Haferflocken
1 EL Zwiebelflocken
1 EL Knoblauchflocken
1 ½ TL Wasabipulver
450 g Kidneybohnen aus der Dose (ohne Salz), abgegossen und abgespült
»Gegrillte Ananas« (Seite 26)
8-10 Vollkornbrötchen
Verschiedene Toppings nach Wahl, zum Beispiel Senf, Ketchup, Relish, Tomatenscheiben, Scheiben von roten Zwiebeln, Spinatblätter, Romanasalat, Sauerkraut, »Geröstete rote Paprika« (Seite 22), »Sautierte Pilze« (Seite 26) »Karamellisierte Zwiebeln« (Seite 25)

Als einmal drei vegan lebende Studenten der Ohio University Essy und mich zu einem tollen Lunch einluden und mit diesen Rote-Bete-Burgern überraschten, waren wir sofort begeistert von dem einzigartigen Aroma dieser Burger – und natürlich erst recht von Gabe, Chance und David für ihr unermüdliches Engagement für eine rein pflanzliche Ernährung. Sie halfen uns, ihr Rezept noch ein wenig abzuwandeln, und herauskam ein fast fleischähnlich roter, leckerer Burger, der in Pfanne oder Ofen hervorragend zusammenhält. Den größten Spaß hatten wir mit den SEHR roten Händen, die man bei der Zubereitung bekommt – aber keine Sorge, das Rot ist ganz leicht wieder abzuwaschen. Mit »Gegrillter Ananas« (Seite X), Sauerkraut oder jedem anderer Ihrer Lieblingstoppings sind diese Burger echte Hingucker und schöne Leckerbissen. Ein großes Dankeschön an Gabe, Chance und David!

ZUBEREITUNG

1 Ofen auf 200 °C vorheizen.

2 Ein Backblech mit Backpapier auslegen.

3 Rote-Bete-Knollen oben und unten kappen, gut abspülen, in etwa 1,5 cm dicke Scheiben schneiden, auf das Blech legen und 20-30 Minuten backen, bis sie weich sind.

4 Rote-Bete-Stiele und -Blätter waschen und grob hacken. In einem Topf mit wenig Wasser etwa 3 Minuten kochen, bis sie weich sind. Abgießen und beiseitestellen.

5 Sollten nicht genug Blätter und Stiele vorhanden sein, können Mangoldblätter als Ersatz fungieren.

6 Rote Beten und Knoblauch in einen Mixer geben und kurz mixen, bis sie grob zerkleinert sind. (Mixer nicht zu lange laufen lassen, es sollten noch kleine Stücke zu erkennen sein.)

7 Würzhefeflocken und gut abgetropfte Blätter zugeben und noch einmal kurz mixen. (Nicht zu stark mixen, damit die Masse nicht zu breiig wird.)

8 In einer großen Schüssel Reis, Haferflocken, Zwiebel- und Knoblauchflocken sowie Wasabipulver gründlich verrühren.

9 Kidneybohnen zugeben und mit den Händen unterkneten, bis alles grob vermischt ist!

10 Jetzt beginnt der Spaß! Die Rote-Bete-Mischung zugeben und mit den Händen einarbeiten. Die Konsistenz sollte dabei ruhig ein wenig grob bleiben. Sie werden sehr rote Hände haben! Formen Sie aus der Masse einen schönen, roten Schneeball.

11 Den Ball bei mittlerer Hitze in eine Pfanne legen und mit der Hand von der Mitte aus flach drücken, bis er sich in einen schönen, roten Bratling verwandelt hat. Von jeder Seite etwa 5 Minuten braten, dabei den Herd aber nicht hochschalten. Die roten Burger schmecken am besten, wenn sie richtig durchgegart sind und das lässt sich bei niedrigerer Hitze besser erreichen. In einem Vollkornbrötchen mit »Gegrillter Ananas« und Sauerkraut sind sie nicht zu toppen. Aber auch einfach so mit ein wenig Ketchup schmecken sie schlicht köstlich.

Grünkohl-Burger

6-8 BURGER

ZUTATEN

100 g Zwiebeln, fein gehackt
2 große Knoblauchzehen, zerdrückt
250 g Pilze, klein gewürfelt
40 g Grünkohlblätter ohne Stiele, in winzige Stückchen gehackt
1 mittelgroße Süßkartoffel, gekocht und geschält
100 g grobe Haferflocken
2 × 450 g Kidneybohnen aus der Dose (ohne Salz), abgegossen und abgespült
2 EL scharfe Sriracha- oder Tabasco-Soße (oder eine andere scharfe Soße Ihrer Wahl)
6-8 Vollkornbrötchen
Verschiedene Toppings nach Wahl, zum Beispiel Senf, Ketchup, Relish, Tomatenscheiben, Scheiben von roten Zwiebeln, Spinatblätter, Romanasalat, Sauerkraut, »Geröstete rote Paprika« (Seite 22), »Sautierte Pilze« (Seite 26), »Karamellisierte Zwiebeln« (Seite 25)

Für viele sind Burger leider nichts weiter als eine mehr oder weniger undefinierbare Unterlage für Senf, Ketchup und andere Toppings. Diese Grünkohl-Burger bringen darüber hinaus noch einen tollen Geschmack und eine bissfeste Konsistenz mit ins Spiel. Dieses Rezept gehört zu unseren Favoriten, weil die Burger so gut zusammenhalten und außerdem noch GRÜNKOHL-haltig sind.

ZUBEREITUNG

1 Bratpfanne auf höchster Stufe erhitzen und dabei so heiß werden lassen, dass ein hineingegebener Wassertropfen nicht verdampft, sondern wie eine Perle über den Pfannenboden rollt.

2 Zwiebeln und Knoblauch unter ständigem Rühren glasig dünsten. Hitze auf mittlere Stufe herunterschalten, Pilze und Grünkohl zugeben und weiterrühren.

3 Sobald Pilze und Grünkohl gar sind, Herd ausschalten und Pfanne beiseitestellen.

4 In einer großen Schüssel Süßkartoffel, Haferflocken, Kidneybohnen und Sriracha-Soße gut vermischen. Gekochtes Gemüse zugeben und weiter mischen.

5 Mit den Händen Bratlinge formen.

6 Bratlinge in einer Antihaft-Bratpfanne bei mittlerer Hitze 20 Minuten braten (auf jeder Seite 10 Minuten), bis sie außen braun werden und ganz und gar durchgewärmt sind.

7 In einem Vollkornbrötchen und mit Toppings servieren.

Barbecue-Pilze mit Reis und grünem Blattgemüse

2-4 PORTIONEN

ZUTATEN

1 große Zwiebel, in Scheiben geschnitten
4 Portobello-Pilze
125-250 ml Barbecue-Soße
50-80 g Grünkohl oder ein anderes grünes Blattgemüse, Stiele entfernt und in mundgerechte Stücke zerteilt
700 g Naturreis, gekocht

Eines Morgens sah ich Jane zu, wie sie diese Pilze vorbereitete, um sie abends nur noch in den Ofen schieben zu müssen. Ich ging schnurstracks nach Hause und machte es ihr nach. Mit knusprig gebackenen Maistortillas und einem grünen Salat ergeben die Pilze eine tolle Mahlzeit. Besonders gern nehmen wir dazu eine Barbecue-Soße, bei der Wahl der Soße können Sie aber auch ganz Ihren eigenen Vorlieben folgen. Studieren Sie nur die Zutatenliste und achten Sie darauf, dass nicht zu viel Zucker in der Soße steckt. Wenn Sie der Zuckerproblematik ganz aus dem Weg gehen wollen, rühren Sie aus Tomatenpüree, Balsamessig und flüssigem Raucharoma oder Rauchsalz Ihre eigene Soße an.

ZUBEREITUNG

1 Ofen auf 180 °C vorheizen.

2 Zwiebel auf dem Boden einer Auflaufform verteilen, Pilze mit den Lamellen nach oben darüberlegen und mit der Barbecue-Soße bestreichen.

3 Grünkohl in 5 cm Wasser 4-6 Minuten abgedeckt köcheln lassen, bis er weich ist. Abgießen und abtropfen lassen.

4 Je eine Portion warmen Reis mit einer Schicht Grünkohl bedecken und darauf die Pilze und Zwiebel verteilen.

Sloppy Joe und Tidy Jane

2-4 PORTIONEN

ZUTATEN

270 g braune Linsen
1 mittelgroße Zwiebel, gewürfelt
1 rote Paprika, gewürfelt
80 g Pilze, in Scheiben geschnitten
180 g Tomatenpüree
450 g geschälte Tomaten au der Dose, abgegossen und gewürfelt
4 EL Barbecue-Soße
¼ TL flüssiges Raucharoma (optional)
2 TL Chilipulver
1 TL Ahornsirup
4 Vollkornbrötchen oder 4 Vollkorn-Weizentortillas für Sloppy Joe bzw. 8-10 »Knusprige Tortilla-Schälchen« (Seite 29)

»Sloppy Joe«, ein schnell gemachtes Kultgericht von der Insel Key West im US-amerikanischen Süden, heißt wörtlich übersetzt etwa »Schlampiger Joe«, wohl, weil die ursprünglich dafür verwendete Hackfleischsoße in einem aufgeklappten Brötchen schwer in Schach zu halten ist. Wir bevorzugen manchmal die ordentlichere Version, die wir »Tidy Jane« (»Ordentliche Jane«) nennen und in »Knusprigen Tortillaschälchen« (Seite 29) servieren, die ebenfalls sehr gut schmecken, wenn sie mit den würzigen Aromen der rein pflanzlichen Soße durchtränkt sind. Probieren Sie sie auch als leckere Füllung in »Mais-Tacos und -Tostados« (Seite 30). Wie auch immer Sie sich entscheiden, ein großer, grüner Salat gehört bei uns immer dazu.

ZUBEREITUNG

1 Linsen nach den Angaben auf der Packung in Wasser garen. Abgießen und gut abtropfen lassen.

2 In einer Pfanne bei mittlerer Hitze Zwiebel, Paprika und Pilze braten, bis sie weich und leicht gebräunt sind. Tomatenpüree und gewürfelte Tomaten zugeben und bei geringer Hitze weiterrühren. Gekochte Linsen, Barbecue-Soße, flüssiges Raucharoma, Ahornsirup und Chilipulver einrühren und alles gründlich vermischen. Hitze herunterschalten und weitere 5 Minuten köcheln lassen.

3 Soße nach eigenen Vorlieben abschmecken. Soll sie süßer sein, noch etwas Ahornsirup, soll sie herzhafter werden, noch etwas Barbecue-Soße hinzufügen.

4 Großzügig auf Brötchenhälften oder Tortillas (»Floppy Joe«) verteilen oder in »Knusprige Tortillaschälchen« löffeln (»Tidy Jane«).

Blumenkohl-Steaks

4 »STEAKS« (PLUS »BRUCHSTÜCKE«)

ZUTATEN

1 großer Blumenkohl (je größer, desto besser!)
125 ml »Selbst gemachtes Hummus« (Seite 94) oder fertiges, tahini- und ölfreies Hummus
25 g Würzhefeflocken
3 EL Balsamessig
2 EL Gemüsebrühe oder Wasser
2 EL Frühlingszwiebeln, gehackt
2 EL Koriander oder Petersilie, gehackt

Diese »Steaks« sind so lecker, dass sich schwer sagen lässt, wie viele Portionen sie ergeben, denn eigentlich könnte eine Person auch alles ganz allein aufessen. Wenn Sie einen wirklich großen Blumenkohl erwischen und die Soße nicht für alle Scheiben reicht, backen Sie die unbestrichenen Scheiben einfach mit, denn auch so schmecken sie richtig gut. Ist der Blumenkohl sehr groß, werden Sie womöglich zwei Bleche benötigen. Und übrigens: Die Soße schmeckt auch ohne Blumenkohl lecker.

ZUBEREITUNG

1 Ofen auf 220 °C vorheizen.

2 Ein Backblech mit Backpapier auslegen.

3 Blumenkohl halbieren und anschließend in etwa 1,5-2 cm breite Scheiben schneiden (insgesamt etwa 4-6 Scheiben) und auf das Blech legen. Wenn beim Schneiden kleinere Teile abfallen, ist das völlig in Ordnung. Legen Sie diese einfach mit aufs Blech.

4 Soße zubereiten: Hummus, Würzhefeflocken, 2 EL Essig, Gemüsebrühe, Frühlingszwiebeln und Koriander oder Petersilie zusammenrühren. Diese Soße auf die Blumenkohlscheiben und mögliche Kleinteile streichen. Den letzten EL Balsamessig dünn über alle Scheiben träufeln.

5 30 Minuten backen, prüfen und eventuell weiterbacken, wenn die Steaks noch nicht weich genug sind. Sie sollten weich und von oben und unten schön gebräunt sein. Je länger sie im Ofen bleiben, desto besser!

Buffalo Wings

3-4 PORTIONEN

ZUTATEN

1 großer Blumenkohl
180 g Kichererbsenmehl
2 TL Knoblauchpulver
1 TL Zwiebelpulver
¼ TL schwarzer Pfeffer
250 ml Hafer- oder Mandeldrink
375 ml scharfe Soße Ihrer Wahl

»Buffalo Wings« ganz ohne Hähnchenflügel – als uns gute Freunde davon erzählten, war klar: Die MUSSTEN wir ausprobieren. Die würzig-scharfen »Wings« werden in der Regel als Vorspeise serviert. Wenn Sie jedoch gern scharf essen, lässt sich daraus auch ganz einfach eine Hauptspeise machen. Sorgen Sie nur in jedem Fall dafür, dass Sie auch zu Ihrem Salat und zu Ihrem grünen Blattgemüse kommen.

ZUBEREITUNG

1 Ofen auf 200 °C vorheizen.

2 Ein Backblech mit Backpapier auslegen.

3 Blumenkohl in kleine, mundgerechte Stücke schneiden.

4 In einer Schüssel Kichererbsenmehl, Knoblauch- und Zwiebelpulver, schwarzen Pfeffer und Haferdrink mischen und klümpchenfrei verrühren.

5 Blumenkohlstücke in den Teig tauchen, sodass sie von allen Seiten gut benetzt sind, und auf das Backblech legen. 18 Minuten backen.

6 Blech aus dem Ofen ziehen und die »Wings« in der scharfen Soße Ihrer Wahl buchstäblich »ertränken«. Weitere 8 Minuten backen.

7 Mit einem Dressing Ihrer Wahl zum Dippen servieren.

Schnelle Nudeln mit grünem Gemüse

4 PORTIONEN

ZUTATEN

250 g Vollkornnudeln
500 g Nudelsoße
1 große Handvoll Grünkohl, Blattkohl, Mangold oder Spinat (oder auch eine Kombination aus allem), Stiele entfernt und in mundgerechte Stücke zerteilt
1 Zucchini, gewürfelt
350 g Pilze, in Scheiben geschnitten

Jede Art von Vollkornnudeln, fettfreier Nudelsoße und grünem Blattgemüse oder anderem Gemüse ist hier verwendbar. Denken Sie nur daran, den Nudeltopf mit jeder Menge grünem Gemüse zu »unterfüttern«, wenn der Timer klingelt. Zucchini und Pilze können Sie auch ruhig weglassen, wenn Sie es sehr eilig haben. Schneller kommen Sie sonst kaum zu einem vollwertigen Gericht!

ZUBEREITUNG

1 Nudeln in einen Topf mit kochendem Wasser geben und bis 3 Minuten vor Ablauf der auf der Packung angegebenen Garzeit kochen (Timer stellen!)

2 Wenn der Timer abgelaufen ist, gehackten Grünkohl (oder anderes grünes Blattgemüse) in das Nudelwasser geben und die letzten drei Minuten zusammen mit den Nudeln garen.

3 Während Nudeln und Grünkohl kochen, Nudelsoße in einen Topf geben, bei mittlerer Hitze auf den Herd stellen, abdecken und erhitzen, bis sich erste Blasen bilden. Auf niedriger Stufe warm halten.

4 In einer Antihaftpfanne Zucchiniwürfel braten, bis sie beginnen, braun zu werden. Zucchini in der Pfanne zur Seite schieben, Pilze zugeben und mitbraten, bis sie weich sind. Flüssigkeit nur tropfenweise und auch nur dann zugeben, wenn bei Pilzen und Zucchini Anbrenngefahr besteht. Pfanne vom Herd nehmen.

5 Wenn Nudeln und Gemüse gar sind, abgießen und in eine große Auflaufform geben. Heiße Nudelsoße zugießen und gut verrühren. Pilze und Zucchini darauf verteilen und servieren. Zucchini und Pilze nicht unter die Nudeln heben, weil sie sonst aufweichen. Lassen Sie ihre Aromen lieber obenauf tanzen!

Milde Ingwersoße mit Kichererbsen und grünem Blattgemüse

6-8 PORTIONEN

ZUTATEN

3 große Zwiebeln, halbiert und in dünne Scheiben geschnitten
3 EL Ingwer, gehackt
450 g Kichererbsen (ohne Salz) aus der Dose
125 ml Gemüsebrühe
⅛ TL Cayennepfeffer (bei Bedarf auch mehr)
4-5 EL Zitronensaft und -zesten
2 Handvoll frischer Spinat (oder auch mehr)
½–1 Bund Koriander, gehackt

Ein wunderbares Gericht, das uns auf sanfte Weise erden kann. Wir mögen es sehr – und ob Sie es glauben oder nicht: Am nächsten Tag schmeckt es sogar noch besser. Außerdem eignet es sich hervorragend dazu, Reste von vorherigen Tagen so geschickt zu verstecken, dass nur Sie wissen, wo sie geblieben sind. Falls Sie eine Suppe daraus machen möchten, brauchen Sie bloß mehr Gemüsebrühe zu verwenden. Unsere Schwiegertochter Polly behauptet, das Gericht habe heilende Kräfte!

ZUBEREITUNG

1 In einem großen Topf bei mittlerer Hitze Zwiebeln 15 Minuten dünsten, bis sie weich und leicht braun werden.

2 Ingwer beifügen und einige Minuten weiterrühren. Einige Tropfen Wasser oder Gemüsebrühe zugeben, wenn die Pfanne zu trocken wird.

3 Kichererbsen samt der Flüssigkeit aus der Dose (sind die Kichererbsen nicht salzfrei, lieber abgießen, abtropfen lassen und stattdessen 500 ml Gemüsebrühe zugießen) und Cayennepfeffer einrühren, Deckel auflegen und 25 Minuten köcheln lassen. Mit einem Kartoffelstampfer, einer Gabel oder einem Löffel einen Teil der Kichererbsen direkt im Topf zerdrücken, sodass eine dicke Soße entsteht.

4 Zitronensaft- und zesten, Spinat und Koriander einrühren.

5 Servieren Sie die Soße auf Reis oder Quinoa und einem Bett aus gedünstetem grünem Gemüse und Sie haben eine ganze Mahlzeit in einer Schüssel – oder Sie essen sie einfach so, wie sie ist.

Prächtiges Pilzragout

3-4 PORTIONEN

ZUTATEN

30 g getrocknete Wildpilze, wie Steinpilze oder Pfifferlinge
250 ml kochendes Wasser zum Einweichen der Pilze (Flüssigkeit für später aufbewahren)
1 große Zwiebel, in Scheiben geschnitten
250 g frische Wildpilze, wie Steinpilze oder Pfifferlinge (falls nicht verfügbar Shiitakepilze)
50 g Zuchtpilze, wie weiße oder braune Champignons, in dicke Scheiben geschnitten
4 Knoblauchzehen, gehackt
125 ml Rotwein oder trockener Marsala
250 ml Einweichwasser von den Trockenpilzen
½ TL getrockneter Thymian
½ TL getrockneter Rosmarin
250 ml Gemüsebrühe
½ TL Pfeffer (nach Geschmack)
1-2 EL natriumarme Tamari-Sojasoße (nach Geschmack, optional)
500-700 g Naturreis, gekocht

Eine Freundin und wunderbare Köchin lud uns zum Abendessen ein und servierte uns dieses Gericht, das einem Rezept aus »Mediterranean Light« nachempfunden war. Nach einigen weiteren Abwandlungen gehört es inzwischen auch zu unserem Repertoire. Verfeinern Sie das Aroma statt mit Rotwein ruhig einmal mit Marsala oder Portwein. Sind frische wilde Pilze nicht verfügbar, tun es auch gezüchtete, nur die Trockenpilze sollten Sie auf keinen Fall weglassen, weil ihr Aroma einzigartig ist. Wir essen das Ragout am liebsten auf Reis, Kartoffeln oder manchmal sogar nur auf einem gerösteten Vollkorntoast.

ZUBEREITUNG

1 Trockenpilze in eine Schüssel geben und mit kochendem Wasser begießen (gerade genug, um die Pilze zu bedecken). 30 Minuten einweichen lassen.

2 In einer großen Bratpfanne bei mittlerer Hitze unter häufigem Rühren Zwiebelscheiben andünsten, bis sie glasig sind und beginnen, braun zu werden. Wenn die Pfanne zu trocken wird, bei Bedarf tropfenweise Wein oder Wasser zugießen. Frische Pilze zugeben und unter ständigem Rühren 5-10 Minuten weiter dünsten, bis sie Flüssigkeit freigeben und braun werden.

3 Trockenpilze abgießen und das Einweichwasser auffangen (etwa 250 ml). Die Pilze im Seiher leicht schütteln, damit der größte Teil der Flüssigkeit abfließen kann.

4 Pilze mit dem Knoblauch in die Pfanne geben und einige weitere Minuten mitdünsten. Rotwein oder Marsala zugießen und zum Köcheln bringen. Einweichflüssigkeit, Thymian, Rosmarin und Gemüsebrühe einrühren und die Hitze herunterschalten. Deckel auflegen und 20 Minuten köcheln lassen. Wenn Sie möchten, können Sie das Ragout jetzt schon essen. Wünschen Sie ein noch intensiveres Aroma, können Sie den Deckel abnehmen und die Hitze hochschalten. Auf diese Weise wird die Flüssigkeit weiter reduziert.

5 Das Ragout mit Pfeffer und Tamari-Sojasoße abschmecken. Wir essen es mit warmem Reis oder Kartoffeln, aber auch auf Toast, wo das Aroma der Pilze besonders intensiv zur Geltung kommt. Einen großen Salat und »Gekochten Grünkohl« (Seite 21) dazu nicht vergessen!

Scharfe Süßkartoffeln

2 PORTIONEN

Die Mischung klingt verrückt, aber diese Kartoffeln sind einfach und köstlich – und vor allen Dingen schnell gemacht.

ZUTATEN

450 g schwarze Bohnen aus der Dose (ohne Salz), abgegossen und mit heißem Wasser abgespült
2 Süßkartoffeln, im Ofen gegart
1 Mango, gewürfelt
½ rote Paprika, gehackt
4 EL Koriander, gehackt
3 Frühlingszwiebeln, gehackt
Limettensaft, nach Geschmack

ZUBEREITUNG

Warm abgespülte schwarze Bohnen in eine Schüssel geben. Frisch gebackene Süßkartoffeln halbieren, Inneres herauslöffeln und mit Bohnen, Mango, roter Paprika, Koriander und Frühlingszwiebeln in der Schüssel vermischen. In die ausgehöhlten Kartoffelschalen füllen und mit Limettensaft beträufeln. Sehr reizvoll sieht es auch aus, wenn Sie das Innere der Süßkartoffeln auf eine Platte löffeln und mit den anderen Zutaten belegen. Wunderschön!

Picadilly-Schüssel

4 PORTIONEN

ZUTATEN

100 g grobe Haferflocken
1 mittelgroße Zwiebel, gehackt
250 g Pilze, in Scheiben geschnitten
4 Knoblauchzehen, gehackt
1 große rote Paprika, gehackt
150 g Brokkoli, gehackt
150 g Grünkohl, Stiele entfernt und gehackt
750 ml natriumarme Gemüsebrühe
6 EL Würzhefeflocken
400 g Maiskörner (falls gefroren, aufgetaut, optional)
Pfeffer nach Geschmack
8 Spritzer scharfe Soße ihrer Wahl (auch mehr oder weniger, nach Geschmack)

Picadilly Circus ist ein umtriebiger Treffpunkt im Herzen Londons – so wie diese Schüssel, in der alle unsere Lieblingsgemüsesorten aufeinandertreffen, dazu noch die Überraschungszutat Haferflocken. Ja: Haferflocken und Grünkohl! Niemand wird erraten, dass er mit diesem herzhaften Gericht auch gleich noch eine ordentliche Portion Haferflocken verzehrt. Selbst Essy schöpft keinerlei Verdacht, wenn er auf diese Weise zum zweiten Mal am Tag Haferflocken isst. Erinnern Sie sich, die Wirkung von Hafer ist dosisabhängig. Je mehr Sie davon essen, desto besser. Mit Spargel und Salat ist dies ein fabelhaftes, schnell zubereitetes Essen.

ZUBEREITUNG

1 In einer großen Bratpfanne bei mittlerer Hitze Haferflocken rösten, bis sie goldbraun sind und duften (etwa 3 Minuten). Häufig umrühren. In eine Schale geben und beiseitestellen.

2 In die Pfanne bei mittlerer Hitze Zwiebel unter ständigem Rühren andünsten, bis sie weich und braun wird. Tropfenweise Wasser oder Gemüsebrühe zugeben, falls die Pfanne zu trocken wird.

3 Knoblauch und Pilze zugeben und 1-2 Minuten weiterdünsten. Wieder tropfenweise Flüssigkeit zugeben, wenn es notwendig wird.

4 Grünkohl abgießen, noch feucht in die Pfanne geben und fleißig weiterrühren. Brokkoli und Paprika unterheben und weiter kochen, bis der Grünkohl um die Hälfte zusammengefallen ist (etwa 5 Minuten).

5 Haferflocken, Brühe und Würzhefeflocken zugeben. Zum Kochen bringen, Deckel auflegen, Hitze reduzieren und 25 Minuten leise köcheln lassen, bis der größte Teil der Flüssigkeit absorbiert ist.

6 Mais, Paprika und scharfe Soße zugeben und gut verrühren. In eine Auflaufform umfüllen oder in der Pfanne servieren.

DESSERTS

DESSERTS MÖGEN ALLE. Und die Gewissheit, dass sie weiter Desserts essen können, versetzt manche überhaupt erst in die Lage, unseren Ernährungsstil anzunehmen.

Trotzdem ist es am besten, Desserts als gelegentliche Leckerbissen zu betrachten und nicht zu einer regelmäßigen Einrichtung zu machen. Zucker macht so süchtig, dass es für jeden schwer ist, nur wenig davon zu essen. Zum Glück verliert sich jedoch das Verlangen nach Zucker von selbst, wenn man eine Woche lang keinen isst. Allerdings kehrt es mit dem ersten Biss in einen mit Zucker gesüßten Keks oder Kuchen mit voller Wucht zurück. Und wenn Sie ähnlich gestrickt sind wie wir, wird es Ihnen äußerst schwerfallen, es nur bei einem kleinen Stück zu belassen.

Unsere Desserts sind nur mit Früchten oder Ahornsirup gesüßt. Das macht sie zwar immer noch zu etwas Besonderem, aber im vernünftigen Rahmen. Sie sind nicht schwer, kalorienlastig oder zu intensiv gesüßt, sondern haben einfach nur eine gerade richtige, angenehme Süße. Wir alle möchten gern Geburtstage und andere besondere Ereignisse gemeinsam mit anderen feiern. Es macht Spaß, Gäste zu haben und mit ihnen leckere Dinge zu teilen. Setzen Sie gerade auf diesen positiven Aspekt und unterteilen Sie süße Leckerbissen grundsätzlich in viele kleine Stücke – oder »strecken« Sie sie mit gesunden Extras wie Obst oder Beeren. Wir haben festgestellt, dass wir zum Beispiel jede Mousse auch optisch hervorragend »erweitern« können, indem wir sie in Glasschälchen streichen und dabei mehrere Schichten aus Bananen oder Beeren »einbauen«. Eine Menge, die für 4 Portionen gedacht war, kann so locker für 6 Personen reichen, ohne dass man beim Genuss irgendwelche Abstriche machen müsste.

Besser als alle Süßigkeiten sind außerdem gefrorene Trauben. Jeder Biss ist ein süßer, saftiger, aromatischer Leckerbissen. Ebenso gesund wie lecker ist außerdem unser aus gefrorenen Früchten angemixtes »Bananen-Softeis« (Seite 236).

Frucht-Melange

4 PORTIONEN

ZUTATEN

150 g Cantaloupe- oder Honigmelone, in kleine Würfel – oder besser: Kugeln – geschnitten
150 g Erdbeeren, halbiert
150 g Heidelbeeren oder Himbeeren
1 Orange, geschält und in Schnitze zerteilt
1 Kiwi, geschält und in Scheiben geschnitten
½ Limette, Zesten und Saft (je nach Geschmack auch mehr oder weniger)
125-250 ml Orangensaft
½ TL Ingwer, geraspelt
6 Blätter frische Minze, in dünne Streifen geschnitten (»Chiffonade«-Schnitt)

Obstsalat auf höchstem Niveau, herrlich farbenfroh und lecker – diese Frucht-Melange kommt immer an. Nehmen Sie einen Melonenausstecher, um aus dem Fruchtfleisch der Melonen hübsche kleine Kugeln zu formen. Es ist eine erwiesene Tatsache, dass Melonen in Kugelform besser schmecken! Und variieren Sie je nach saisonalem Angebot und persönlicher Vorliebe ganz nach Ihrem Geschmack jederzeit die Zutatenliste.

ZUBEREITUNG

In einer hübschen Schüssel Melone, Erdbeeren, Heidelbeeren, Himbeeren oder anderes Obst der Saison miteinander vermischen. Genug Orangensaft zugießen, um das Obst vollständig zu bedecken. Ingwer und Limettenzesten- und -saft darüber geben und die geschnittenen Minzblätter darüberstreuen.

Beeren-Feuerwerk

In einer weißen Schüssel kommen die feurigen Farben dieses Desserts besonders gut zur Geltung. Wir servieren es immer am 4. Juli, dem amerikanischen Nationalfeiertag.
Verwenden Sie einen Melonenausstecher, um perfekte, rote Kugeln schneiden zu können. Ein Klecks »Bananen-Softeis« (Seite 236) ist das Grande Finale.

4 PORTIONEN

ZUTATEN

300 g Wassermelone, in kleine Würfel – oder besser: Kugeln – geschnitten
300 g Heidelbeeren
1-2 EL frische Minze, zusammengerollt und in feine Streifen geschnitten (»Chiffonade«-Schnitt)

ZUBEREITUNG

Wassermelone, Heidelbeeren und Minze in einer schönen weißen Schüssel mischen und servieren.

Gefrorene Minz-Schokobällchen

FÜR ETWA 40 BÄLLCHEN (WENN SIE BEI DER ZUBEREITUNG NICHT ALLZU VIEL NASCHEN!)

ZUTATEN

80 ml Pflanzendrink
65 g Kakaopulver
5 EL Ahornsirup (nach Geschmack auch mehr oder weniger)
2 TL Vanilleextrakt
2 reife Bananen
¼ TL Pfefferminzextrakt
1 EL Schokoladen-Balsamessig oder Mandarinen-Schokoladen-Balsamessig
200 g Haferflocken
100 g möglichst wenig gesüßtes Knuspermüsli

Für uns sind dies die gesündesten und zugleich luxuriösesten Süßigkeiten überhaupt. Natürlich schmecken sie auch ohne Hülle aus Knuspermüsli lecker, sind dann allerdings sehr viel klebriger. Halten Sie deshalb nach einem möglichst wenig gesüßten Knuspermüsli Ausschau oder backen Sie aus Haferflocken mit verdünntem Ahornsirup selbst welches im Ofen. Für welche Zubereitungsart Sie sich auch immer entscheiden, servieren sollten Sie die Bällchen auf jeden Fall gefroren, denn sonst werden Ihre Finger wirklich superklebrig. Die Bällchen sehen richtig luxuriös aus, doch selbst wenn Sie sie alle ganz allein verputzen, haben Sie nur jede Menge Bananen und Haferflocken gegessen – also halb so schlimm!

ZUBEREITUNG

1 Alle Zutaten außer den Haferflocken in einem Mixer gut vermischen und in eine Schüssel geben. Haferflocken unterrühren.

2 Ein Backblech mit Backpapier auslegen.

3 Knuspermüsli in eine Untertasse oder kleine Schale geben.

4 Mit einem Melonenausstecher oder einem kleinen Teelöffel kleine Schokobällchen aus der Masse löffeln, im Knuspermüsli wenden und vorsichtig auf das Backpapier legen (am einfachsten geht das unserer Erfahrung nach per Hand). Bällchen mit einem Löffelrücken leicht flach drücken. In den Tiefkühler geben und erst kurz vor dem Servieren wieder herausnehmen. Am besten schmecken sie, wenn sie gerade anfangen aufzutauen.

Mango-Magie mit Himbeerschrift

4 PORTIONEN

ZUTATEN

2 reife Mangos
4 EL Haferdrink
125 g gefrorene Himbeeren ohne Zucker, aufgetaut

Wir waren völlig verblüfft, wie leicht und köstlich dieses einfache und zugleich bildhübsche Dessert ist, als unsere mexikanische Freundin es kurz vor einem gemeinsamen Essen buchstäblich in letzter Minute zusammenrührte. Eine unserer Enkeltöchter mag es besonders gern, deshalb mache ich für sie immer eine Extraportion.

ZUBEREITUNG

1 Mangos halbieren und das Fruchtfleisch in einen Mixer geben. Haferdrink zugießen und pürieren. Mischung auf vier Dessertschälchen verteilen.

2 Himbeeren in den Mixer geben und zu einer glatten Soße pürieren.

3 Mit einem Löffel die Himbeersoße kunstvoll auf der Mangomasse verteilen. (Wir formen gern einen kleinen Wirbelsturm oder schreiben die Anfangsbuchstaben unserer Gäste mit »Himbeerschrift« auf das goldgelbe Dessert.)

Erdbeeren mit Schokofüllung und Limettenkuss

12 ERDBEER-PRALINEN

ZUTATEN

12 große Erdbeeren
1 sehr reife Banane
1 EL ungesüßtes Kakaopulver
2 TL Schokoladen-Balsamessig
Limettenzesten oder kleine Minzeblätter

Es macht Spaß, diese kleinen Köstlichkeiten zuzubereiten, sie sind hübsch anzusehen und schmecken unglaublich köstlich. Zu viele davon kann es gar nicht geben! Am klügsten ist es, vorher festzulegen, wie viele jeder bekommt. Und das Beste daran: Nur die Bananen bringen die Süße, kein anderes Süßungsmittel wird eingesetzt. Je reifer die Bananen, desto süßer das Schokopüree – heben Sie also die reifen Exemplare mit Leopardenmuster dafür auf!

ZUBEREITUNG

1 Oberes Ende der Erdbeeren gerade abschneiden und den Boden ebenfalls »begradigen«, damit die Erdbeeren stehen können.

2 Mit einem kleinen, spitzen, möglichst gezackten Schälmesser das helle Innere der Erdbeeren herauslösen. In einem kleinen Mixer Banane, Kakao und Schokoladen-Balsamessig pürieren. (Dabei die Masse bei Bedarf mit einem Spatel mehrmals von den Wänden des Mixgefäßes herunterstreichen, damit auch alles erfasst wird und ein sehr glattes Püree entsteht.) Mit einem kleinen Löffel ausgehöhlte Erdbeeren mit Schokopüree füllen.

3 Limettenzesten aufstreuen oder kleine Minzeblättchen auf die Erdbeeren setzen.

Schokoladen-Himbeer-Mango-Parfait

4-5 PORTIONEN

ZUTATEN

360 g Seidentofu
5 EL Ahornsirup (auf Wunsch auch weniger)
2 EL Kakaopulver
1 TL Vanilleextrakt
1 EL Schokoladen-Balsamessig
1 Banane, gewürfelt
½ Mango, gewürfelt, oder frische Beeren (oder beides)
150 g gefrorene Himbeeren, aufgetaut und püriert
Minzeblätter zum Garnieren

Wir waren zu einem Vortrag in Bartlesville, Oklahoma, und aßen anschließend mit Freunden. Mit der Zubereitung des Desserts hatte Nancy bis zuletzt gewartet und ich bot an, ihr zu helfen, denn sie wollte meine Schokoladenmousse. Ich rührte sie aus dem Gedächtnis an, gab aber zu viel Kakao hinein … Hier ist das Ergebnis unserer gemeinsamen Rettungsbemühungen. Alle meinten, das Parfait wäre DER Hit! Heute ist es das Dessert unserer Wahl, wenn wir Gäste haben.

ZUBEREITUNG

1 Tofu in einem Mixer glatt pürieren. Von Zeit zu Zeit die Masse mit einem Spatel von den Wänden des Mixgefäßes nach unten streichen, damit alles erfasst und möglichst glatt püriert wird.

2 Ahornsirup, Kakaopulver, Vanilleextrakt und Schokoladen-Balsamessig zugeben und noch einmal mixen.

3 Bananenwürfel auf den Boden von 4 oder 5 Weingläsern oder Glasschälchen geben und 1 EL Himbeeren, dann Tofu, Mangos oder Beeren und schließlich 1 letzten EL Himbeersoße darüber geben. Mit je einem Minzeblättchen garnieren.

Zitronenmuffins mit Limettenguss

12 MUFFINS

ZUTATEN

175 g Hafermehl
½ TL Backsoda
1 TL Backpulver
8 EL Ahornsirup
Zesten von 3 großen Zitronen
160 ml frischer Zitronensaft
125 ml ungesüßtes Apfelmus
1 TL Vanilleextrakt
4 EL Wasser

Ich liebe Zitronen – als Jane eines Tages mit diesen herrlich saftigen kleinen Zitronenmuffins zu uns kam, war ich auf Wolke sieben! Sie trafen meine Zitronenliebe auf den Kopf! Der Teig geht nicht stark auf, deshalb empfehlt es sich, die Muffins mit unserem fantastischen Limettenguss zu bestreichen und zu genießen.

ZUBEREITUNG

1 Ofen auf 180 °C vorheizen.

2 Muffinblech für 12 Muffins mit Papierförmchen auslegen.

3 Trockene Zutaten in einer großen Rührschüssel vermischen. Ahornsirup, Zitronenzesten und -saft, Apfelmus, Vanilleextrakt und Wasser einrühren und gut vermischen.

4 Teig auf die Papierförmchen verteilen.

5 20 Minuten backen. Kühlen, mit Limettenguss überziehen und mit Zitronen- oder Limettenzesten verzieren.

Limettenguss

500 ML

ZUTATEN

360 g Seidentofu
Zesten einer Limette
4 EL frischer Limettensaft
5 EL Ahornsirup
1 EL Chiasamen

Taataa! Dieser Guss ist wirklich sensationell! Er macht sich bestens auf »Grünkohltorte« (Seite 232) oder auch allein aus der Schüssel gelöffelt (Pssst …!)

ZUBEREITUNG

Tofu, Limettensaft und -zesten sowie Ahornsirup in einen Mixer geben und glatt pürieren. (Zwischendurch die Masse immer mal wieder mit einem Spatel von den Wänden des Mixgefäßes nach unten streichen.) Chiasamen einrühren. Schon fertig!

Grünkohltorte mit Heidelbeerguss

2 RUNDE TORTENBÖDEN

ZUTATEN

150 g roher Grünkohl, Stiele entfernt, Blätter geschnitten und gekocht
250 ml Ahornsirup
2 TL Vanilleextrakt
125 ml ungesüßtes Apfelmus
2 TL Obstessig
180 ml Wasser
360 g Weizenvollkornmehl
2 TL Backsoda

Richtig gelesen! Ja, wir haben es gewagt! Eine Torte mit Grünkohl! Und sie schmeckt toll! Die schönste Rückmeldung, die wir bekommen haben, war ein großes »WOW!« von einem Fleischesser! Unsere Lektorin mag sie lieber mit Himbeerguss, probieren Sie sie aber auch ruhig einmal mit »Limettenguss« (Seite 230). Wir essen sie am liebsten mit »Heidelbeerguss«. Und um die Lobgesänge noch weiter auf die Spitze zu treiben, servieren wir sie manchmal mit »Bananen-Softeis« (Seite 236).

ZUBEREITUNG

1 Ofen auf 180 °C vorheizen.

2 2 Springformen mit Backpapier auslegen.

3 Grünkohl in 3-5 cm Wasser in einem Kochtopf garen, bis er dunkelgrün und weich ist.

4 Abgießen und mit Ahornsirup, Vanilleextrakt, Apfelmus, Essig und Wasser im Mixer glatt pürieren. Das Resultat sollte aussehen wie ein grüner Smoothie.

5 Den grünen Zaubertrank in eine große Rührschüssel geben.

6 Mehl und Backsoda zugeben und gut verrühren.

7 Teig in die mit Backpapier ausgelegten Formen gießen und 30 Minuten backen. Formen aus dem Ofen nehmen und abkühlen lassen. Den Kuchen mit »Heidelbeerguss« oder Limettenguss (Seite 230) bestreichen, dann mit Heidelbeeren bestreuen und servieren.

Heidelbeerguss

1 L

Dieser kräftig lilafarbene, bildschöne Kuchenguss spricht für sich selbst. Mit frischen Heidelbeeren bestreut ergibt er auch einen leckeren Pudding.

ZUTATEN

150 g Heidelbeeren, frisch oder tiefgefroren
4 EL Orangensaft
700 g nicht zu flüssiger Seidentofu
125 ml Ahornsirup
2 EL Chiasamen (optional)

ZUBEREITUNG

1 In einem kleinen Kochtopf auf höchster Stufe Heidelbeeren im Orangensaft etwa 5 Minuten kochen. Es sollte dabei eine sirupartige Konsistenz entstehen.

2 Soße vom Herd nehmen und in einen Mixer geben. Pürieren, bis sie dickflüssig ist, aber noch einige Beeren zu erkennen sind. Tofu, Sirup und Chiasamen zugeben und noch einmal glatt pürieren. Guss über Torten, Kuchen oder Muffins streichen oder als Pudding genießen!

Rezeptfoto siehe nächste Seite

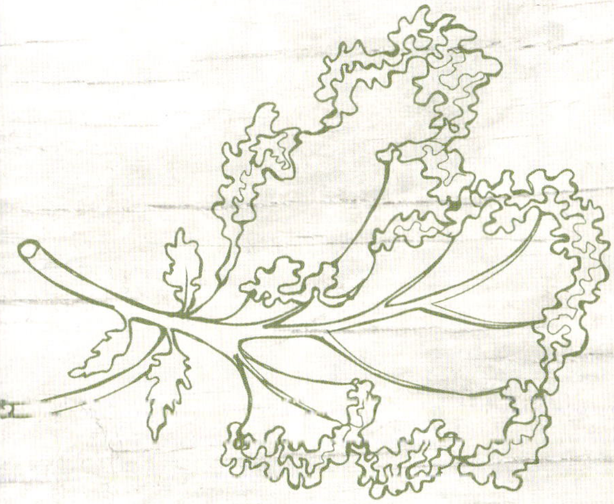

Bananen-Softeis

2 PORTIONEN

ZUTATEN

1 reife Banane, tiefgefroren (je reifer die Banane, desto süßer das Softeis)

Dieses Softeis ist so köstlich, dass kein weiterer Dessertbedarf mehr besteht. Genießen Sie es zur »Grünkohltorte« (Seite 232), zu anderem Gebäck oder auch ganz allein! Alles, was Sie dazu brauchen, ist ein starker Mixer oder eine Yonanas-Eismaschine. Sie werden nicht glauben, wie schnell sich damit eine Banane in cremiges Softeis verwandeln lässt. Wir sind jedes Mal aufs Neue davon fasziniert. Eine Anschaffung, die sich wirklich lohnt!

Wenn Sie eine Yonanas-Maschine benutzen, können Sie ganze gefrorene Bananen verwenden. Bei anderen Maschinen kann es notwendig sein, die Bananen vor dem Einfrieren in Scheiben zu schneiden. Studieren Sie die Gebrauchsanweisung Ihres Gerätes.

ZUBEREITUNG

1 Banane in die Yonana-Maschine (oder einen Mixer) geben und sich überraschen lassen.

2 Vor dem Essen mit Schokoladen-Balsamessig, ein wenig Vanilleextrakt, gemahlener Muskatnuss, wenig gesüßtem Knuspermüsli oder mit allem zusammen (oder auch gar nichts) bestreuen.

Schokoladen-Minze-Wirbelpudding

6-8 PORTIONEN

ZUTATEN

Schokoladenpudding

360 g Seidentofu
3 EL Kakaopulver
5 EL Ahornsirup
1 TL Vanilleextrakt

Minzpudding

360 g Seidentofu (siehe oben)
1 EL Minzblätter, fein gehackt (etwa 8-12 Blätter, einige davon zum Garnieren aufheben)
15 EL Ahornsirup
1 EL Vanilleextrakt

Bereiten Sie beide Rezepte einzeln zu und verwirbeln Sie sie anschließend zusammen. Schokolade und Minze – das ist eine Verbindung, die im Himmel gestiftet wurde!

ZUBEREITUNG

1 Tofu, Kakaopulver, Ahornsirup, Vanilleextrakt in einen Mixer geben und glatt pürieren. Pudding zur Seite stellen und Mixgefäß gründlich ausspülen.

2 In dem frisch gesäuberten Mixgefäß Tofu, Minzblätter, Ahornsirup und Vanilleextrakt glatt pürieren.

3 In einer großen Servierschale den Schokoladenpudding vorsichtig auf eine Seite und anschließend den Minzpudding auf die andere Seite gießen. Mit einem Löffel, auf der Schokoladenseite beginnend, durch die beiden Puddingsorten fahren und dabei den Buchstaben »S« bilden (oder beide Seiten mithilfe einer anderen Technik miteinander verwirbeln.) Ein schöner Marmoreffekt ist gewünscht. Pudding kühl stellen und mit Minzblättern verziert servieren.

Limetten-Vanille-Tarte mit frischen Früchten

6-8 PORTIONEN

ZUTATEN

für die Füllung

700 g Naturtofu oder sehr fester Tofu
160 ml Ahornsirup
1 Limette mit Zesten
6 EL Limettensaft
1 Banane, in Scheiben geschnitten
1 Mango, in Scheiben geschnitten
150 g Heidelbeeren oder Himbeeren (oder beides)
2 Kiwis, in Scheiben geschnitten
6-8 große Erdbeeren, in Scheiben geschnitten

für den Tarteboden

125 g möglichst wenig gesüßtes Knuspermüsli
3 EL Apfel- oder Orangensaftkonzentrat

Einfach zu machen, himmlisch zu essen und wunderhübsch anzusehen! Die Früchte können Sie je nach Vorratslage frei variieren. Am besten ist es, die Tarte erst kurz vor dem Essen zusammenzustellen, damit der Boden knusprig bleibt. Wählen Sie dafür ein möglichst wenig gesüßtes Knuspermüsli.

ZUBEREITUNG

1 Ofen auf 80 °C vorheizen.

Tarteboden zubereiten

2 Müsli mit Apfel- oder Orangensaftkonzentrat in eine kleine Schüssel geben und mit einer Gabel verrühren, bis alles benetzt ist. Boden und Seiten einer Pieform dünn mit der Müslimischung bedecken.

3 Tarteboden 14 Minuten im Ofen backen. Regelmäßig prüfen, ob er auch gut bräunt, ohne anzubrennen. Fertig gebackenen Boden wenn möglich in den Tiefkühler oder zumindest in den Kühlschrank stellen.

Füllung zubereiten

4 Tofu abgießen, mit Küchenkrepp bedecken und – wenn Sie nicht allzu sehr in Eile sind – gründlich ausdrücken und abtupfen. (Je weniger Flüssigkeit noch im Tofu steckt, desto fester wird die Füllung.) Tofu, Ahornsirup, Limettensaft und -zesten in einen Mixer geben und sehr glatt pürieren. Dabei den Mixer immer wieder kurz ausschalten und die Masse mit einem Spatel von den Wänden des Mixgefäßes nach unten streichen und weiter pürieren, um jegliche Klümpchenbildung zu vermeiden. Tofu bis zur weiteren Verwendung in den Kühlschrank stellen.

5 Kurz vor dem Servieren den Tarteboden aus dem Tiefkühler nehmen und eine Schicht Bananenscheiben auf den Boden legen.

6 Die Hälfte des Limettentofus über die Bananenscheiben streichen, mit einer Schicht Mango, Beeren, Kiwi oder anderem Obst nach Wahl belegen und anschließend den restlichen Tofu darüberstreichen.

7 Schließlich einige Kiwi- oder Erdbeerscheiben kunstvoll auf der Oberfläche arrangieren. Zu viel Obst kann es gar nicht geben! Arrangieren Sie die Obstscheiben so künstlerisch, wie Sie es wünschen, oder legen Sie die Früchte einfach in einem bunten Haufen auf die Tarte.

8 Das erste Stück aus der Form zu heben ist besonders schwierig. Machen Sie sich jedoch keine Sorgen, wenn Sie keine sauber abgezirkelten Stücke hinbekommen. In unordentlichen Haufen schmeckt der Kuchen sowieso am besten!

Lebkuchen-Biscotti

12-16 BISCOTTI

ZUTATEN

200 g grobe Haferflocken
10 g Weizenvollkornmehl
1 TL Backpulver
½ TL Backsoda
1 TL gemahlener Zimt
½ TL gemahlener Ingwer
⅛ TL gemahlene Nelken
125 ml Ahornsirup
4 EL Melasse
½ TL Vanilleextrakt
2 EL helle Rosinen

Dieses leckere Gebäck wurde von einem Rezept auf JoyofBaking.com mit dem gleichen Titel inspiriert – auch wenn wir natürlich einiges im Sinne einer rein pflanzlichen Kost veränderten. Wir haben eine Reihe von Biscotti-Rezepten, die wir mögen, zum Beispiel Kürbis-Biscotti oder Schokoladen-Biscotti, und manchmal fügen wir noch Trockenfrüchte oder Mohnsamen hinzu.

ZUBEREITUNG

1 Ofen auf 180 °C vorheizen. Ein Backblech mit Backpapier auslegen. Die Hälfte der Haferflocken im Mixer zu Hafermehl vermahlen.

2 In einer Schüssel Hafermehl, restliche Haferflocken, Weizenvollkornmehl, Backpulver, Backsoda, Zimt, Ingwer und Nelken vermischen.

3 In einer zweiten Schüssel Ahornsirup, Melasse und Vanilleextrakt mit einem Schneebesen verquirlen. Nach und nach die feuchten Zutaten zu den trockenen gießen und rühren, bis alles gut vermischt ist. Dabei die Masse von den Rändern der Schüssel immer wieder nach unten schieben. Rosinen unterziehen, den Teig auf eine leicht bemehlte Arbeitsfläche geben und zu einem schmalen, länglichen Laib formen (etwa 30 cm lang und 8-10 cm breit).

4 Den Laib auf das Backblech legen und etwa 30 Minuten backen, bis er goldbraun und bei Berührung fest ist. Aus dem Ofen nehmen und auf einem Backgitter etwa 10 Minuten auskühlen lassen.

5 Ofentemperatur auf 150 °C reduzieren. Den gebackenen Kuchenlaib auf ein Schneidebrett legen und in 3-5 cm breite Biscotti-Scheiben schneiden. Die Scheiben flach auf das Backblech legen.

6 6-8 Minuten backen, Biscotti umdrehen und weitere 6-8 Minuten backen, bis sie trocken und fest sind. Biscotti aus dem Ofen nehmen und abkühlen lassen. (Beim Abkühlen werden sie noch ein wenig härter.)

INDEX

D

E

F

G

H

N

O

P

Q

R

S

T

U

V

W

Abbildungsverzeichnis

S. i © stockphoto mania - shutterstock.com, S. iii (Herz) © Marina99 - shutterstock.com, S. x (links), 10, 24, 30, 41, 44, 46, 56, 63-65, 88, 91, 110, 125, 140-141, 149, 151, 158, 165, 178-179, 181, 203, 205, 213, 218-219, 223, 225-227, 241 © Donna Turner Ruhlman, S. 5-7, 13, 32, 34-35, 51, 54, 72, 150, 191, 195, 197, 222, 236, 239 © Helena-art - shutterstock.com, S. 12 © Jka - shutterstock.com, S. 16 © aniok - shutterstock.com, S. 19 © Fafarumba - shutterstock.com, S. 67, 210 © Enzo Molinari - shutterstock.com, S. 72, 78, 81, 86, 99, 102, 112, 124, 130-131, 139, 173, 176, 184 © Nikiparonak - shutterstock.com, S. 109 © Natalya Levish - shutterstock.com, S. 117 © Goderuna - shutterstock.com, S. 233 © elenabsl - shutterstock.com, S. 20 © ArCaLu – shutterstock.com, S. 27 © Africa Studio – shutterstock.com, S. 104 © lizabarbiza – shutterstock.com, S. 120 © welcomia – shutterstock.com, S. 142 © Alena Haurylika – shutterstock.com
Alle weiteren Abbildungen © Narayana Verlag, Fotograf Jörg Wilhelm, Wilhelm Media

Bezugsquellen

Die meisten der im Buch erwähnten Produkte wie Balsamessig, Ahornsirup, Hefeflocken oder verschiedene Gewürze sind in gängigen Naturkostläden erhältlich.

Sie können Sie auch direkt über unseren Online-Shop www.unimedica.de in der Kategorie "Gesunde Ernährung" erhalten. Dort finden Sie ein großes Sortiment an Naturkostprodukten sowie die für die Rezepte notwendigen Küchengeräte.